PINGTAIXING DIANSHANG QIYE WULIU SHENGTAIQUAN YANHUAJILI JI GOUJIAN CELUE

平台型电商企业物流生态圈演化机理及构建策略

吴 群◎著

企业管理出版社
ENTERPRISE MANAGEMENT PUBLISHING HOUSE

图书在版编目（CIP）数据

平台型电商企业物流生态圈演化机理及构建策略 / 吴群著 . —北京：企业管理出版社，2020. 12

ISBN 978-7-5164-2290-8

Ⅰ. ①平…　Ⅱ. ①吴…　Ⅲ. ①电子商务—物流经济—研究 Ⅳ. ①F713. 365. 1

中国版本图书馆 CIP 数据核字（2020）第 224540 号

书　　名：平台型电商企业物流生态圈演化机理及构建策略

作　　者：吴　群

责任编辑：刘一玲　宋可力

书　　号：ISBN 978-7-5164-2290-8

出版发行：企业管理出版社

地　　址：北京市海淀区紫竹院南路 17 号　　**邮　　编**：100048

网　　址：http://www. emph. cn

电　　话：编辑部（010）68701322　发行部（010）68414644

电子信箱：LiuYiLing0434@ 163. com

印　　刷：北京虎彩文化传播有限公司

经　　销：新华书店

规　　格：787 毫米×1092 毫米　16 开本　11. 5 印张　170 千字

版　　次：2020 年 12 月第 1 版　　2020 年 12 月第 1 次印刷

定　　价：46. 00 元

前　言

本书的内容是基于国家社科基金项目（15BGL075）“供应链协同视角下平台型电商企业物流生态圈构建研究”的课题成果修改而成的，主要是厘清平台型电子商务企业物流生态圈结构及种群协同演化问题，并积极探索平台型电子商务企业物流生态圈的构建路径。

（1）研究选题有一定的前沿性。国内外学者在供应链协同与电子商务物流方面的研究已经比较丰富，取得了一些值得借鉴的成果，但系统关注平台型电子商务企业物流生态圈建设的研究很少，现有零星文献研究多停留在基础理论解释层面，还没有涉及平台型电子商务企业物流生态圈的不同类型、结构、协同机理及具体构建策略等问题。从供应链协同视角关注平台型电子商务企业与物流服务企业的协同共生问题，对构建平台型电子商务物流生态圈的研究具有前沿性。通过深入关注平台型电子商务企业物流生态圈构建问题，将供应链协同思想与平台型电子商务企业物流生态圈构建相结合，借助商业生态理论、生态学种群关系理论将平台型电子商务物流生态圈分为自建物流生态圈、外包物流生态圈和联盟物流生态圈，扩展了电子商务物流生态圈的研究范畴。

（2）研究思路有一定的特色。本书尝试构建了不同类型平台型电商企业物流生态圈的结构模型，探索性地分析平台型电子商务企业物流生态圈协同演化动力和协同演化机理，将供应链协同视角下的平台型电子商务物流生态圈演化动力分为自演化动力和交互演化动力，并深入分析平台型电子商务企业物流生态圈对应的自演化机理和交互演化机理，在此基础上深入解析演化模型及仿真验证，这是本书特有的研究思路。

（3）研究内容有一定的新意。本书借助供应链协同理论、演化博弈理论探索平台型电子商务企业物流生态圈的协同机理及协同模型，根据平台型电子商务企业与物流服务企业合作的深入程度，将平台型电子商务物流生态圈种群间的协同模式分为兼性共生模式和专性共生模式，通过仿真证明了兼性共生模式产生的协同效应要比专性共生模式产生的协同效应更高，这说明平台型电子商务企业将物流部分外包的效果要好于将物流全部外包，这也提醒选择物流全部外包的平台型电子商务企业应重视与物流服务企业之间协同关系稳定性的维护，通过充分发挥企业领导力和协同贡献的作用以实现双方的持续、健康发展。这些观点在国内外电商物流及物流生态圈协同演化研究中具有一定的创新性。

吴群

2020 年 10 月

目 录

第一章　引言

一、选题背景及意义

（一）选题背景

近年来，随着互联网的深入应用及信息技术的创新发展，我国的电子商务尤其是零售电子商务平台以爆炸式速度快速成长并渗透到了人们日常生活的各个方面。相比西方国家，我国电子商务行业经历了二十余年的发展，在发展速度及总量规模上都相对更加领先。无论是以建立商贸平台起家的阿里巴巴，还是自建商业体系的京东，乃至拥有几千家线下零售店的苏宁云商，都已发展成为规模巨大的电子商务交易平台。在众多平台型电子商务企业的不断尝试与推广中，电子商务的商业模式也日趋成熟。无论是方便快捷的购物过程，还是让商家、平台和消费者多方共赢的运作模式，方方面面都体现着互联网时代技术进步和电子商务深化发展给人们生活带来的切实改善。

我国电子商务产业的迅猛发展与众多平台型电子商务企业的带动和支撑是紧密相关的。据智库网经社电子商务研究中心资料显示，2019年中国电子商务百强企业中排名前十的有9家企业为电子商务平台。众所周知，阿里巴巴、京东、拼多多等平台型电子商务企业已成为引领电子商务行业的骨干力量，并在电子商务发展中起到了显著的带头作用。平台型电子商务企业的兴起改变了人们的购物及生活方式，但是，如果没有强有力的物流支撑，也不可能有这些电子商务平台企业的快速成长，物流服务已经成为制约电子商务企业持续发展的重要因素。根据艾瑞网《2019年中国网络购物用户调研报告》显示，电子商务平台的客户忠诚度绝大部分取决于物流环节，物流服务需要综合考虑地理位置、商品属性和配送方式等诸多要素，是电子商务中最难的一环，也是影响电子商务用户体验的主要因素。

物流作为连接买家与卖家的桥梁，是电子商务中最基础也是最重要的保障。随着中国电子商务的快速发展及平台型电子商务企业商业生态的不断升级，电子商务配套物流及各要素构成的物流生态圈也趋于不断升级和完善。近年来，国家支持物流业发展的政策频出，从国务院颁发的《物流业调整和振兴规划》《物流业发展中长期规划》，到各部委如商务部《商贸物流发展专项规划》等，对物流基础设施建设、城市配送、绿色物流发展、物流项目资金支持、商贸物流发展、电子商务物流、快递市场规范管理等物流生态链上的诸多环节发展都给予了极大的政策支持。我国电子商务物流领域的第一个行业标准《电子商务物流服务规范》于 2016 年 9 月 1 日起在全国正式实施，这对促进电子商务物流行业规范运作、降低物流费用、提升物流业的发展水平都具有十分重要的现实意义。

众多平台型电子商务企业为更好地保证客户体验，越来越重视无法在线上操作完成的物流实体运作。有实力的平台型电子商务企业巨头在开始兴建自己的物流生态圈的同时，也注意吸纳专业物流服务企业纳入自身的生态圈系统，尝试从仓储、运输、配送及相关配套服务等多方面探索更优质、更高效、更便捷、更经济的物流服务，以提高顾客满意度，进一步实现电子商务产业的持续、健康发展。由于不同的平台型电子商务企业的市场定位和自身优势各有不同，因而其布局的“物流生态圈”也各不相同，有的注重“仓配一体化”及各方资源整合，有的侧重配送终端网络布局，也有的关注物流联盟协同发展，还有的专注技术开发和大数据的应用。各类物流及快递企业也在不断强化合作共赢意识，提高自身服务水平的同时强化与平台型电子商务企业的供应链协同，积极探索在平台型电子商务企业物流生态圈中的生态位及建设路径，以更好地满足消费者日益增长的电子商务物流需求。

基于上述背景，本书以现有的电子商务、物流管理及供应链协同理论为基础，以阿里巴巴等平台型电子商务企业为研究案例，立足于平台型电子商务企业物流发展现状，关注平台型电子商务企业物流生态圈协同演化问题，积极探索平台型电子商务企业物流生态圈的构建路径，以期为平台型电子商务企业持续、健康发展提供物流服务保障，对电子商务物流的发展起到一定的理论借鉴和现实推动作用。

（二）选题意义

平台型电子商务企业物流生态圈是依托于平台型电子商务企业发展的，不仅直接涉及生产者、消费者、批发商、平台型电子商务企业、物流企业，还间接涉及技术研发推广单位、软件提供商、金融服务企业等诸多利益相关者。这些利益相关者通过彼此的协同竞争突破传统线性交易逻辑，产生了平台型电子商务企业物流生态圈系统种群间和种群内的竞合博弈，形成了内部协同稳定且不断演化的复杂生态系统，实现了资源的有序流动及信息的有效传递，从而进一步形成种群相互依赖的协同演化关系。通过关注平台型电子商务企业物流生态圈的结构及类型，进一步探索平台型电子商务企业物流生态圈中种群的互动关系及协同机理、协同演化过程等，期望能加深商业生态圈理论在电子商务物流领域中的研究应用，提出对电子商务物流长足发展有参考价值的策略，使其适应复杂多变的市场环境。

（1）学术价值。本书依据商业生态圈理论对电子商务企业物流生态圈种类及构成主体进行分析，并分别针对物流自营、物流联盟、物流外包模式的平台型电子商务企业物流生态圈的不同结构进行分析，进而依据供应链协同理论关注种群间和种群内协同演化机理，不仅能扩展电子商务物流的研究范畴，还可以丰富和完善电子商务物流生态圈研究的理论体系，对电子商务物流的发展有一定的理论价值。

（2）应用价值。平台型电子商务企业物流生态圈与电子商务的良性发展息息相关，是电子商务企业实现资源整合优化及多元共赢的新思路，本书研究平台型电子商务企业及关联主体企业间的协同演化模型，提出构建相互作用、相互依赖、共同成长的物流生态圈，这将有利于电子商务企业与物流服务企业合理分工、共享资源，有利于企业间加强良性互动和紧密协作，有利于社会资源的集约利用，对电子商务企业的持续、健康发展具有一定的现实意义。

二、国内外研究现状

（一）相关研究现状

本书的研究主题需要从供应链协同、平台型电商、电商物流、物流生态圈等多方面汲取理论营养，现将相关文献分类梳理如下。

1. 供应链协同相关研究

供应链协同一直是供应链管理领域的热点问题，国内外学者对其进行了较多的分支研究，研究成果比较丰富，主要成果集中在供应链协同的概念与作用、协同机理、模型与策略等方面。

（1）供应链协同的概念与作用。供应链协同是指通过企业相互联系业务以实现资源共享，包括企业内部的协同和企业外部的协同（Thomas，1996；Stank，2001；Manthou，2004）；供应链协同有利于收益共享，有利于生产、运输及库存的合理有效安排（Cachon，2005；Kanda，2008；Karakitsio et al.，2008），供应链协同能够增强供应链弹性（Scholten K. and Schilder S.，2015）。

（2）供应链协同的机理。供应链的协同有效性依赖于内部整合水平和外部操作两大因素（Holweg M. and Disney S.，2005），利用回购契约和批发契约设计供应商与零售商二级供应链的协同机制，有利于提高供应链总体利润（Rajapov A. and Ming J.，2016）；有学者以生产商和供应商二级供应链为背景，研究信息不对称情况下的供应链协同机理，并进一步引进惩罚和奖励机制来实现供应链收益最大化（张翠华等，2006）；有学者根据节点企业间的协同深入程度的不同，认为物流供应链可以概括出三种协同模式，并借助建立数学模型研究了线链供应链的协同机理（鄢飞等，2009），也可以从生态视角出发，利用种群生态学相关模型来研究供应链协同演化机理（鄢飞、董千里，2012；吴绒、白世贞，2016）；还有学者利用结构方程模型及实证方法来分析驱动因素、绿色创新战略对供应链协同的影响机理（解学梅、罗丹，2019）。

（3）供应链协同模型。从2000年开始陆续有学者关注了供应链中不同节点企业间的协同运作模型（Sabr，et al.，2000；Giannoccaro，2004；徐琪、徐福缘，2003）、供应链协同决策模型（唐小波、黄媛媛，2005；宁方华等，2007；魏炜、申金升，2010；马士华、李果，2010；朱晓宁等，2014；Long Q.，2016）；有学者利用博弈论来构建供应商和承包商在两种不同决策模式下的协同合作模型，同时对每种模式都分析了最优收益分配机制，并进一步利用仿真模型验证了其结果（时茜茜、朱建波，2017）；也有学者通过构建数学模型来设计零售供应链的利益协同机制，并进一步引入收益分配模型来确保协同机制的有效性（代宏砚等，2018）；还有学者在定期订货模型基础上构建了信息不对称下的多级库存零供应链协同模型，对不同信息状态下的供应链协同模型进行对比分析，主要分为信息对称、信息不对称两类情况进行验证仿真（Ahmed and Francesco，2019）。

（4）供应链协同策略。近年来越来越多的学者关注了供应链中不同问题的协同策略，主要包括库存协同策略（Chaharsooghi，2010；熊浩，2014）、计划协同策略（杨凡等，2004；张翠华等，2008；黄焜等，2011）、物流协同策略（刘炯艳，2007；谈冉等，2007；谢磊等，2014）、知识协同策略（向晋乾等，2005；张省，2014）、契约协同策略（夏蔚军、吴智铭，2005；魏晨、马士华，2008；侯玉梅等，2013；Saha S. and Goyal S. K.，2015）等方面；另有部分学者提出供应链中需要构建协同管理信息平台（Abuhilal et al.，2006；陈志圣、黄立平，2007；裴玉玲、徐世六，2009）。少数学者关注了供应链协同机理与模式研究（闵新平等，2016；吴绒等，2016）。

2. 平台型电子商务相关研究

随着互联网及电商产业的迅猛发展，平台型电商业务势头强劲。国内外学者对平台型电子商务有关研究进行广泛关注，主要成果集中在平台型电子商务的定义、作用、模式、治理及应用等方面。

（1）平台型电子商务的定义。Rayport 和 Sviokla（1996）将平台型电子商务的本质归为一条虚拟价值链，参与价值链的成员在链条中传递有价值的信息；平台型电子商务将企业信息门户与电子商务相结合，可以实现交易各方的运营成本及维护成本的降低（Davydov，2001）。有学者认为平台型电商是以互联网为基础的“交易集市”，整个运作模式比纯线下的交易集市要复杂，在这个过程中更注重知识的分享和信息的传递及交流（Weill，2001）。有学者提出平台型电子商务是在线上的多个企业进行业务协作，共同遵守一个平台企业的管理和统筹安排（王珏辉，2007；胡岗岚，2010）；有学者提出平台型电子商务是由平台运营商发起建立的网络交易平台，可以为买方和卖方建立交易联系，并具有认证、交易、支付、客服等多项功能。平台型电子商务企业本身不参与交易业务，通过提供相关交易及配套支撑服务形成了各类信息的大数据（李林等，2015）；平台型电子商务企业是买卖双方进行商务活动的平台，平台型电子商务有平台运营商、平台卖家及平台买家三大主体，相比于传统企业及普通电子商务企业，平台型电子商务企业可以形成垄断势力（徐齐利，2017）。

（2）平台型电子商务的作用。平台型电子商务具有信息中介、基础设施提供、电子商务交易推动等功能（Hartman et al.，2000）。焦玥等（2011）认为平台型电子商务不但对买卖双方的交易起到了重要的桥梁作用，还通过制订平台交易规则对参与者进行规范管理和监督，同时，平台型电商企业通过信息共享机制来协调和保证交易双方活动的正常开展（蔡志文、林建宗，2014）。不同的平台型电子商务企业通过门户网站为消费者营造差异性的消费文化（Díaz et al.，2016）。

（3）平台型电子商务的模式。平台型电子商务的模式主要有两种：一种是纯平台模式，此类企业的主要业务是提供电子商务交易平台，不提供物流服务等其他服务，如淘宝、拼多多等；另一种是开放式平台模式，这类平台企业不仅提供交易通道，还提供运营服务、物流服务等，如京东、天猫等（韦福祥、姚亚男，2009；吴志坚、邱俊杰，2015）。有学者对平台的设计、构建与运营等方面进行研究（王宇峰等，2004；金杨华、潘建林，2014），从双边市场的角度对 B2C 和 B2B 两种平台型电子商务模式进行了研究（Laurent et al.，2015），认为平台型电子商务企业兼具“治理”与“管理”的特点。平台型电子商务企业与消费者间的关系既不是传统的科层关系，也不是市场关系，而是特殊的中间型关系（汪旭晖、张其林，2016），认为电子商务平台分为主动型与被动型两类（Wang C. et al.，2019），共享经济模式下的平台型电子商务可以帮助平台上的大量用户共享关键资源（Guyader H. et al.，2019）。

（4）平台型电子商务的治理。有学者对目前几种主流平台型电子商务模式进行了总结并提出了实际应用中需要注意的几点问题（韩廷进、钱志新，2009）；有学者对 B2B 电子商务企业的运营能力、盈利能力进行了调查和测量（Wu et al.，2011；Benitez J. et al.，2018）；有学者对平台类企业和合作方价值共创进行了研究，提出卖方和平台企业要共同维护和建设平台的声誉（汪旭晖和张其林，2017）；还有学者提出了平台型电子商务企业的绩效评价模型和提高绩效的办法（陈军科，2017）。

（5）平台型电子商务的应用。有些学者利用相关技术对电商平台进行了综合设计，提出了平台型电子商务的运作架构及如何实现企业内外部运作的集成管理（Omelayenko and Fensel，2001；Chatterjee et al.，2002；董德民，2004；周林等，2006）。也有学者关注平台型电子商务的商业模式及应用实现，提出将客户关系管理系统应用于交易平台型电子商务网站，以增强企业的数据挖掘能力（刘远君，2006）。包金龙等（2008）指出国内平台型电子商务企业应以易贝为对标企业，分析自身存在的不足并进行改进；李翘（2014）提出平台型电子商务企业需从服务完备角度考虑建立完整的线上业务模块。Alsaad 等（2017）指出互动型信任机制将有助于平台型电子商务成员紧密型关系的加强。

3. 商业生态系统的相关研究

商业生态系统的研究主要集中在商业生态系统的含义及构成、生态位的含义及应用分析、电子商务生态系统等方面。

（1）商业生态系统的含义及构成。Tansley（1935）最先提出生态系统的含义，指出由生物群落与环境共同组成的集合称为生态系统。James Moore（1993）正式将“生态系统”一词引入经济学，提出商业生态系统包括顾客、产品、服务和市场环境等概念。Adam（1996）从博弈论的角度讨论企业在商业博弈过程中的竞合关系，进一步确定了商业生态系统理论的地位。随着生态系统概念的引入与建立，国内外的研究者们逐渐开始关注商业生态系统方面的研究。Lewin（1999）将商业生态与自然生态进行了对比，发现两类生态系统具有较大的相似处。Marco（2004）提出商业生态系统是由不同种群组成的，并以微软、戴尔、惠普等跨国企业为研究对象，分析了信息时代竞争已经由企业级竞争转变为平台级竞争。在任何生态系统中都不存在孤立的种群，种群会与环境或其他种群发生多样化的关系，研究者们通过对种群行为的分类，将种群之间的关系概括为互惠、共生、偏利、竞争、捕食等9种不同的类型（尚玉昌，1984；陆玲，1996；袁纯清，1998；Zahra A.，2002；Iansiti M.，2006）。

Adner（2006）指出商业生态系统创造的价值被认为要大于单个组织创造的价值，没有任何单独的组织可以创造超越生态系统的价值。张金萍和周游（2005）认为商业生态系统中企业间的竞合关系类似于自然界生态系统中物种间的竞合关系，所以企业要增加自身在商业生态系统中的竞争优势，要成为商业生态系统的核心或领导企业，这无形中对企业提出了聚焦自身核心竞争优势的要求，要么将自己的业务规模做到行业领先，要么将自己的业务特色做到极致，这时企业与合作伙伴的合理分工及完美合作至关重要。魏炜等（2016）提出企业从来不是独立的个体，任何利益的获取都是与合作伙伴共同创造的，企业所在的生态系统也是由众多利益相关者共同组成的共生体。王正沛和李国鑫

（2017）基于国内 11 个典型众筹平台的案例对其众筹生态系统的特点进行了研究，将众筹平台生态系统分为三种：独立型、融合型和交叉型。宋华等（2018）通过构建结构方程模型研究了商业生态系统的健康性、系统中价值共创活动与资金绩效之间的影响机理，提出商业生态系统的健康性是提高系统价值共创及资金柔性的重要前因变量。姜尚荣等（2020）对价值共创领域的 1700 余篇文献进行了共引和突现分析，归纳出现阶段价值共创领域的研究重点，并提出商业生态系统建构与企业生态位与战略决策等是价值共创与生态系统研究领域的热点方向。

（2）生态位的含义及应用分析。生态位是生态系统理论中的重要概念，用于描述不同种群对资源需求的差异。生态位的大小通常用生态位宽度进行衡量，表示主体所能利用的环境资源的多样化程度。对于生态位的具体定义也有诸多说法，但目前受学术界认可的定义是 Grinnell（1917）、Elton（1927）和 Hutchinson（1957）等提出的定义（见表 1–1）。

表 1–1　生态位的几种定义

作者（年份）	维　度	具体定义
J. Grinnell（1917）	空间生态位	种群在生态系统内所占据的最后分布单元
Charles Elton（1927）	功能生态位	一个种群的生态位是该种群在生态系统内的地位、与被捕食者及捕食者的所有关系的总和
G. E. Hutchinson（1957）	多维超体积生态位	种群在生态系统环境内受到 n 个资源因子（n>3）的影响，每一个资源因子对该种群的影响程度都存在着某个阈值，在所有因子阈值的集合内，该种群都可以生存，这一多维集合就是该种群的多维超体积生态位

Kenneth 和 Mark（1993）将组织生态位定义为在特定时间、空间内的 N 维集合，其中包括影响组织绩效的各类资源、环境和条件等。Joel 和 Jitendra（1994）以单个组织为研究对象，提出了单个组织的生态位

和需求特征。葛振忠和梁嘉骅（2004）等学者归纳了企业生态位的含义（见表1-2）。

表1-2　企业生态位的定义

作者（年份）	生态位的定义
葛振忠、梁嘉骅（2004）	企业在激烈的市场竞争中，为了获得生存和自身的发展，会在生存空间中找到一个适合自身获取资源并保持一定生命力的位置，这个位置被认为是企业生态位
万伦来（2004）	在特定的经济环境中，企业通过核心技术的研发，生产能力的提升，借助战略管理、组织管理等方式获取企业所需生产、发展、竞争资源的一种能力
闫安、达庆利（2005）	在特定时期和环境中，企业与外部市场及其他参与者之间的相对位置
许芳等（2005）	企业生态位类似于“市场定位”，但是比“市场定位”多了生态内涵

国内学者对企业生态位的定义更关注企业间的互动关系，更偏向于结合企业的地位和功能来界定企业生态位。单汨源等（2006）认为使用企业生态位理论对企业竞争过程进行仿生研究可以有效地弥补传统战略管理理论在解释现有复杂、动态的企业竞争现象时的缺陷，通过构建基于生态位的重叠和分离的多维生态位模型，可以有效指导企业选择竞争策略。田秀华等（2006）提出了企业竞合模型，认为在企业互动过程中，存在经济学意义上的竞争合作均衡点。李勇等（2007）尝试测度了企业生态位的宽度和重叠程度，发现在资源有限的条件下，企业间的竞争强弱与其生态位的重叠程度成正比例关系。胡振华和张宁辉（2010）以企业生态位因子和维度模型为基础，提出了企业如何在进行生态位分离过程中获取竞争优势的策略。黄江明等（2016）以宇通集团和北汽集团为研究对象，通过双案例研究方法发现在生态系统的不同阶段，企业基于自身特点，会选择生态位分离或重叠等策略，而不是一味地选择生态位分离策略。张镒等（2018）以京东集团为研究对象，

分析京东集团这一平台企业在形成生态系统过程中生态位的不断调整和获得竞争优势的发展过程。每个种群在生态系统中都希望能够占据一个最适合自身生存和发展的理想生态位，种群内的企业会竞争理想生态位，从而形成种群在理想生态位和现实生态位之间的切换，企业会不断调整自身状态，与其他种群合作竞争，努力形成自身的优势生态位，以适应生态系统内的环境。

（3）电子商务生态系统。商业生态系统描绘的是组织的相互依赖性，而电子商务生态系统会更加突出电子商务组织与技术的核心地位。电子商务生态系统是商业生态系统的延伸，使用生态系统理念对电子商务企业进行管理，有利于电子商务时代企业的生态效益，延长企业生命周期（Sajed M.，2008）。Li（2009）认为越来越频繁的跨行业运作的经济活动推动了商业生态系统的诞生。有学者分析了电子商务生态系统的演化路径，提出电子商务生态系统构建应注重每个演化阶段的特点并扬长避短（郭旭文，2014）。

电子商务生态系统属于基于供应链逆向整合的流通组织（谢莉娟，2015）。跨境电子商务生态系统结构中存在融合度低、契合差等问题，通过"互联网+"技术可以对跨境电子商务生态系统进行改进（吴敏，2015）。企业要获得生态优势需以客户为中心，借助物联网设备识别、获取和分析客户数据已成为商业生态系统中重要的数据获取端口（Chung H. et al.，2017），企业必须抛弃以产品定义的边界，转而以用户场景定义企业边界。打造电子商务生态系统所必需的基础平台，平台可以吸纳外部群落形成协同生态系统（潘松挺、杨大鹏，2017）。还有学者关注了农产品电子商务生态系统（郭坤等，2018）和跨境电子商务生态系统（张赫楠、许正良，2020）。

4. 电子商务物流的相关研究

电子商务物流是随着电子商务的兴起而出现的，有关文献主要集中在电子商务仓储、电子商务配送、电子商务仓配一体化、电子商务物流服务质量、跨境电子商务物流和平台型电子商务企业与物流服务企业的协同等方面。

（1）电子商务仓储研究。

1）在电子商务仓储布局与运作方面。国内外学者关于电子商务仓储布局与运作的研究有很多（见表1-3）。

表1-3　电子商务仓储布局与运作研究

维度		学者（年份）	观点
仓储布局研究		Jaruphongsa et al.（2004）	考虑批量订货、交货时间等因素的动态变化设计仓库布局
		Arnold、Chapman和Clive（2011）	仓储空间布局没有统一的标准，不同的企业要根据产品的特征及存放的不同需求进行有针对性的设计
		Lumsden（2012）	电子商务仓储的布局好坏可以关系到拣货效率，精细化布局优势更明显
		王彬彬（2015）	对仓库储位进行分区管理，通过建立数学模型并求解，得到仓储中心分区的最优方案
仓储运作研究	运作流程	Ericsson 和 Frid（2013）	选定某电子商务企业的仓储中心运作流程进行分析，并重新规划布局仓储设计
		Żuchowski（2016）	电商仓储与传统物流仓储在基本功能上有相同之处，但也有差异，主要因为物流服务商、电子商务平台企业等参与主体的需求不同且不断变化
	运作优化	Olender（2012）、宋国欢（2012）	电子商务仓储运作可以通过库存模型的更新、信息系统的加强及仓储量的精准预测等手段来优化
		张光宇等（2006）、Land（2015）	构建电子商务仓储网络系统，主要是借助信息化手段来提高仓储数字化水平
		李建斌等（2013）	改进电商仓储效率的办法，主要借助整数规划模型进行求解，获得货位指派的解决方案
		孙婕（2013）	应用密集仓储技术能够增加仓库库容量
		张汉斌（2014）	智能化机器的投入使用有助于仓储运作的效率提高

2）电子商务仓储模式。根据决策模型可决定选择何种电子商务仓

储拣选模式（Hovelaque et al.，2007）。在电子商务环境下的不同仓储管理模式具有不同的特点，电子商务企业在进行抉择时必须对比不同模式的优缺点（李冰，2011）。姜天和刘军（2013）指出根据不同的分类标准，电商仓储物流模式有不同的分类，企业需要采用哪种仓储模式，可以综合考虑自身需要及不同模式的特点进行选择。

3）电子商务仓储发展趋势。未来电子商务的仓库库位分配和拣选工作都将交由电子设备完成（Saenz，2001）。硬件设备不断升级优化，最终实现综合化、精细化、信息化、网点化与一体化（李博，2011）。电子商务仓储将充分结合现代化信息技术手段，利用云计算进行仓储管理（Wakabayashi et al.，2014）。仓储管理系统接入ERP系统实现集成，可以更好地实现电子商务仓储管理（Michel and Van，2015）。

（2）电子商务配送研究。

1）电子商务配送模式。对电子商务配送模式方面的研究主要有配送模式分类、配送模式选择两大方面（见表1-4）。

表1-4 电子商务配送模式研究

维度	学者（年份）	观点
配送模式分类	张庚森、李鹏飞（2002）	电子商务配送模式包括自建配送体系和第三方配送
	李民（2011）	电子商务配送主要可分为直接配送、间接配送两种类型
	Punakivi（2013）	电子商务配送模式分为基于提货点的配送模式和基于仓库的配送模式
	Janjevic et al.（2013）	自动取货柜属于间接配送模式
	陈修齐（2014）	电子商务配送末端自提的模式可分为第三方代收货平台、智能物流终端模式和自提网点三种模式
配送模式选择	常连玉等（2010）	电子商务配送模式属于物流综合决策模型
	张宇、李琪（2012）	结合电商的特征，分析了电商物流配送决策模型

2）电子商务配送流程。电子商务企业应根据配送模式调整配送流程的设计，一般情况下，配送自营模式的流程比配送外包模式的流程更加紧密，流通的效率更高（Joong-Kun et al.，2008）。电子商务配送流程分为配货、运输和“最后一公里”三个阶段（刘龙政、焦岳红，2009）。由于要直接面对客户，“最后一公里”配送较大程度上影响了客户满意度（杨聚平等，2014）。便利店模式的配送流程：先由专业物流公司在全国范围内整体配送，再由便利店站点进行小区域配送，客户也可将包裹暂存于便利店（郑凯、王亚超，2014）。设计电子商务末端配送服务流程，应综合考虑采用便利店服务点、高校代理服务点、物业代理服务点、共同配送中转站和自提储物柜等末端配送方式（毛薇，2015）。

3）电子商务配送服务评价。价格、便利性、速度是最重要的三个配送服务因素，其中便利性包括退换货的便利程度、电子发货通知、配送跟踪信息、交货灵活度和方便度等（Stumm and Bollo，2004）。电子商务配送服务评价应重点关注配送服务商的服务水平与成本之比，将最大化选择效用作为主要评价指标，而不是服务水平最优（王劲恺等，2009）。配送服务评价影响因素框架可以通过案例研究的方法构建（Comline，2010）。通过数据包络法可建立运营效率评价模型，从而有效评价物流配送服务水平（王宏伟、高玲玲，2011）。

4）电子商务配送网络与路径。电子商务配送网络与路径方面的研究列举如下（见表1-5）。

表1-5　电子商务配送网络与路径研究

维　度	学者（年份）	观　点
配送网络研究	杨遴杰（2003）	利用计算机模型进行配送中心布局，分析布局的改变将如何影响配送成本
	蒋忠中、汪定伟（2005）	建立了配送中心选址优化模型，并利用遗传算法求解，以确定物流配送中心最优化选址

续表

维 度	学者（年份）	观 点
配送网络研究	Weltevreden 和 Rotem（2009）	基于配送企业运营和客户行为的数据统计分析了末端网点
	范月娇等（2011）	利用“断裂点”公式研究物流配送企业的服务半径
	杨朋珏（2014）	构建了末端网点选址模型，并且利用遗传算法求得最优解
	钟耀广（2015）	提出布局有序、层级分明的城市共同配送网络的方法
路径研究	Gonzalez-Feliu、Ambrosini 和 Routhier（2012）	良好的配送路径规划应充分考虑实时交通情况，在设计路线时可采用模拟交通场景的方法进行试验，多次试验后总结经验以找到最适合的组合路径策略
	王晓博（2007）	采用改进两阶段算法进行配送路径优化求解
	刘向等（2008）	开发了跨区域 VRP 模型，并用数值算例对模型和算法进行了数值演算
	马强（2009）	构建了基于跨区域联合配送的车辆路径模型，并有针对性地改进遗传算法的具体步骤
	向敏等（2015）	构建了鲜活农产品配送路径优化模型

5）电子商务配送现存问题及对策。电子商务发展地域的分散化为末端配送带来了极大的挑战。随着电子商务交易总量的不断增加，电商“最后一公里”的配送要求也越来越高（Kearney，2012）。目前电子商务配送中存在基础设备落后、标准化程度不高、资源配置不经济、信息化联动程度不高等各种问题（邹辉霞，2001；Aleid，2012；Kim et al.，2016），其中最主要的问题是配送信息化问题和“最后一公里”配送问题（Lenz，2004；杨俊琴等，2006；钟耀广，2015）。伍楠林等（2008）提出可以从搭建好的发展环境，加大对基础设施的投入建设，与物流企业建立电商虚拟联盟等方式来解决电商配送的难题。Okholm 等（2013）提出利用信息系统的开发及使用解决物流配送中心标准化程度不高的问

题。Morganti 等（2014）提出要加强电子商务平台及相关企业间的合作，充分利用数据分析来规划最合理的配送路径。

（3）电子商务仓配一体化相关研究。国内外学者关于仓配一体化的研究不多，主要观点如表 1-6 所示。

表 1-6　电子商务仓配一体化研究

维　度	学者（年份）	观　点
电子商务仓配一体化的定义及意义	Colla 和 Lapoule（2012）	仓配一体化是电商企业提高竞争优势的关键要素
	刘非（2014）	电商仓配一体化是在仓储服务基础上延伸配送服务，并实现仓储和配送的无缝衔接
	史云峰（2015）	仓配一体化是仓储和配送的全过程解决方案，即电商企业将订单交给仓配服务商，后续作业由其全部承担
电子商务仓配一体化的流程	Fosso（2012）	分析使用射频识别技术的仓储和配送流程，对过程中的数据进行收集，进一步实现电商企业的仓储和配送整合
	卫振林、孙剑青（2015）	分析了订单处理、仓储管理、配送管理等业务流程，提出用配送信息平台以更好地实现仓储和配送管理的一体化
电子商务仓配一体化的实现	Durand 和 Gonzalez-Feliu（2012）	对比了三种不同的电子商务仓储和配送模式，并建立仓储配送一体化评价指标体系，用来衡量其仓配一体化程度，程度越高，顾客满意度则越高
	王钊栋（2012）	结合配送体系和仓储建设，提出构建仓储和配送为重点的物流价值网络，并建设面向 B2C 电子商务仓配服务的商业模式
	王立君（2015）	以阿里巴巴的天网项目为例，研究物流仓储配送网络的建设和“最后一公里”问题的解决之道，包括仓配网络管理模式的优化、组织结构的重构及部门职责分工的完善

（4）电子商务物流服务质量相关研究。电子商务物流服务质量模型及评价是国内外学者普遍关注的主题之一（Kent，2001；Rabinovich，2004；Yuan Xing and David，2006；Xing Y.，2010；李依楠，2013；曲慧梅，2014）。部分学者对经营不同产品的具体电子商务企业物流服务进行了实例分析（Weber et al.，2009；Mohammad，2012；任珏，2012；赵华峰，2014）。

在 B2B2C 背景下，影响快递服务质量的因素可分为物品、时间、员工和便利价值四个方面，快递服务质量的好坏对顾客满意度有着直接影响，服务感知质量越好，满意度越高（何浏，2013）。黄兴建和王伟（2015）利用 SERVQUAL 模型（即服务质量模型，为英文“Service Quality”的缩写）的五个维度指标构建了物流服务质量的评价体系，借助有形性、反应性、可靠性、移情性、保证性等对服务质量、满意度和顾客期望值进行了计算，并提出了物流服务质量改进的建议。还有学者以 SERVQUAL 模型为基础，从可靠性、便捷性等构建六维模型评价快递企业的服务质量（庄德林等，2015）。此外，部分学者基于 SERVQUAL 模型建立了衡量移动电子商务物流服务质量的指标因子（王明明、赵国伟，2015）；梅虎等（2015）利用因子分析法提出电子商务物流服务质量评价的关键指标，确定了电商物流管理的核心环节，并从物流信息技术及电商物流特色化等方面提出建议。张振华、许柏鸣（2019）利用网络口碑大数据分析物流服务质量，构建基于口碑的电商物流服务质量模型，并以家具企业为例进行实际应用分析，最终提出对应改进策略。

随着国内生鲜电子商务的兴起，生鲜电子商务及物流有关研究也成为学者们关注的焦点。有学者研究了我国生鲜电子商务的发展历程和物流模式，提出制约生鲜电子商务发展的主要问题，并指出冷链本地化可通过自建冷链基础设施来实现（张夏恒，2014）。有学者分析了当前在生鲜电子商务冷链物流方面需要重点关注的问题（郭瑞红等，2014），通过搜集、统计生鲜电子商务的物流服务数据，研究了生鲜电子商务物流的概况及问题，并有针对性地提出了相关建议（陈镜羽、黄辉，2015），指出生鲜电子商务物流能力的提升可以从物流技术、管理组织、物流服务理念及顾客需求四个方面着手（刘刚，2017）。还有学者采用案例分析法将生鲜电子商务流通模式与传统生鲜流通模式进行比较，进一步剖析生鲜电子商务的未来前景（汪旭晖、张其林，2016），提炼出我国生鲜电子商务的三种模式，并对各种发展模式的优势和劣势进行对比分析（葛继红等，2018），通过多种实证方法来研究影响生鲜电子商务配送成本的因素，提出控制配送成本的策略（王可山、张丽彤，2019）。

（5）跨境电子商务物流相关研究。电子商务突破了国界，对物流提出了更高的要求，即"无缝隙物流"，这在一定程度上刺激了跨境电子商务物流的发展（Ducret，2014）。跨境电子商务物流是伴随跨境电子商务而产生的（陈嘉良，2014），跨境电商需要通过跨境物流送达商品。对于跨境电商与跨境电商物流的关系，目前的研究成果主要是从两者的紧密合作视角，认为完善的物流服务有助于充分连接跨境电子商务物流信息和服务基础信息，并建立全球线上物流信息网络体系（Bob et al.，2000；Wen，2009），跨境电子商务对跨境电子商务物流有积极作用。跨境电子商务的发展减少了物流配送的层级，产生了基于客户需求的物流、基于互联网的物流、小批量产品物流及零库存物流（Lee and Lau，1999；Simchilevi et al.，2006）；而落后的物流操作则会限制跨境电子商务的发展（Grieger，2003），因此，跨境电子商务企业须改进物流服务，才能在全球市场和大型企业的竞争中取得胜利（Acs et al.，1997；Fariselli et al.，1999；Empirica，2002；Sakai，2002）。国内学者较为关注跨境电子商务与物流的互动融合问题，指出跨境电子商务与跨境物流是相辅相成的（赵静、唐友莲，2015；赵静、马骏，2016）。跨境电子商务与物流的整合主要从平台的集成层面、业务的整合层面、流程的优化层面和利益的分配层面等进行（孟玲等，2014）。有一部分学者从产业的角度研究跨境电子商务与物流的融合问题（陆国红，2016；

任玲，2016；韩玲冰、胡一波，2018）；也有学者从不同的视角探究了跨境电子商务与跨境物流的协同机理（张夏恒、郭海玲，2016；郭健芳，2018），运用不同的模型来评价跨境电子商务与跨境物流的协同性（刘有升，2016；Liu H. M. et al.，2016）；还有学者探究了跨境电子商务与物流协同的影响因素，并提出相应的协同策略（丁钰，2018；王霄宁、李安渝，2016；何江、钱慧敏，2017）。

多种模式共同发展的多元业态、物流集成商和一体化物流体系等都将成为跨境电子商务物流的未来发展方向（崔忠付，2014；林然，2014）。跨境电子商务物流还会进一步向小量多次、快周转的趋势发展（赵广华，2014）；新的跨境电子商务物流商业模式也会不断涌现，海外仓建设将成为跨境电子商务物流发展的重要平台；保税物流中心的服务也会更加多样化（曹旭光等，2015；李瑞芬，2015）。有学者分析了已有跨境电商物流存在的弊端，并提出了跨境电子商务物流模式的发展途径（钟燕，2016；张大成，2017；赵佳妮、吕清，2016；Pei-Ju Wu，2018）；也有学者研究了电子商务物流渠道选择的原则和因素（肖建辉，2018），提出通过分析B2C跨境电子商务模式的优劣势来选择相应的物流模式（梁胜利，2016；Giuffrida et al.，2016；郑佳惠、余朋林，2018）。

有关跨境电子商务物流实例的研究并不多，主要集中在跨境电子商务物流现状（蒋奇、倪蔚颖，2016；朱辉，2018）及其发展中存在的问题（Liu X. et al.，2015；林梅，2016；王伟，2017；欧阳明慧，2016）。还有一些学者探讨了制约跨境电子商务物流发展的因素（丁琪，2015），利用问卷调查、灰色关联等方法对跨境电子商务物流的影响因素、竞争力做实证分析（Hyuksoo Cho，2017；陈言国，2018；刘侃、赵冬梅，2018）。还有一些学者从不同的视角下提出跨境电子商务物流存在的一些壁垒，并提出相应的发展对策（Kawa A.，2017；李红卫，2018；邸江雪，2018；Mu-Chen Chen，2018；王蓓、李平，2018）。也有学者对上海、福建及东莞、广州等地的跨境电子商务物流发展问题提出了对应的解决方案（顾骏涛，2014；谢雪莲，2015；江黎，2015；李勇，2015）；部分学者对海外仓物流模式存在的问题进行分析，并提出优化策略（孔辉，2017；董云，2017；刘希全，2018；闫晨晖，2018）。

（6）平台型电子商务企业与物流服务企业的协同。平台型电子商务企业的存在离不开物流服务企业的支持，物流服务企业为平台型电子商务企业的业务提供了服务保障。夏露（2001）指出物流服务是平台型电子商务企业高质量发展的基本条件。电子商务企业实施供应链管理将有助于借助协同化物流模式实现专业化服务，第三方物流服务企业可以为电子商务企业节约成本，专业化的服务能够助力电商企业竞争力的提升，因此，第三方物流服务已成为很多平台型电子商务企业的必然选择。Sink 等（1997）认为企业选择将物流服务外包给第三方物流的模式时，不但物流服务更专业，而且企业有更多的精力专注于核心业务，因而绩效最高，这也是平台型电子商务企业愿意选择物流服务企业进行合作的主要原因。电子商务生态系统中有以电商平台企业为主导的，也有以第三方物流服务企业为主导的，物流服务企业与电子商务平台的协同合作是促进整个电子商务生态系统持续发展的关键。

在平台型电子商务企业与物流服务企业构成的协同生态系统中，平台型电子商务企业本身有着特殊的性质。一方面，平台型电子商务企业是物流服务企业所依附的生态环境，是生态系统资源整合集约的基础；另一方面，平台型电子商务企业是生态系统的种群之一，在与物流服务企业的竞合博弈中不断演化发展。物流服务企业与平台型电子商务企业的合作恰恰充分体现了共生的理念，目前分别有文献从共生理论视角研究了多个区域生态环境的协同治理（乔花云等，2017），从企业创新力和控制力共生的角度提出了企业可持续发展策略（张海锋、张卓，2018），以及从共生视角研究多地区跨界融合（王绍博等，2019）。武淑萍、于宝琴（2016）聚焦电子商务与物流的协同共生主题，提出电子商务的有序度要高于快递物流发展的有序度，电子商务与快递物流出现协同共生的发展状态，两者的整体协同度呈现螺旋上升趋势。张夏恒、张荣刚（2018）提出现代物流的总体发展滞后于电子商务的发展，尤其明显滞后于跨境电商的发展。要促进跨境电子商务与现代物流的协同共生发展，必须激发多方主体的深度参与和协同合作。

5. 物流生态圈的相关研究

20 世纪末，随着资源环境问题的日益严峻，物流生态化的相关概念被提出，发达国家首先开始关注，进而发展到全球各个国家、机构和领域。H. J. WU. 和 dunn S.（1995）率先提出了绿色物流的概念，主要集中于正向物流和逆向物流的生态化管理，即生态化管理应该贯穿物流始终。Hoek R.（1999）进一步从绿色供应链角度进行研究，并强调了逆向物流在生态化物流中的重要性，指出应该把环境管理放在企业战略的高度。Matthias Kannegiesser（2014）探索并研究了生态型绿色供应链对经济的影响，进一步说明了物流生态化的重要性。

国内学者关于物流生态圈的相关研究相对来说还比较零散。有学者关注我国生态物流系统中存在的问题并提出解决对策（江暮红，2008；李建丽等，2010）；有不少学者尝试引入生态学理论，方威（2012）使用生态学中经典的 Logistic 模型针对物流集群中的互动关系进行了描述和分析，探寻了集群系统内部的均衡问题与新的竞合模式。有少数学者关注区域物流生态发展（周凌云、周军，2014），王楠楠提出打造互相联通的物流生态圈，实现资源共享和开放发展（2014）。

丁朝勋、秦立公（2011）提出随着时代发展，以及低碳经济和低碳理论的深入，物流业必须采用生态发展思路进行资源整合。王为民（2012）站在电子商务与快递物流共同发展、互利共赢的角度，认为电子商务与物流不是对立的，产业链与产业链之间存在非常紧密的共生关系，电子商务企业与快递物流企业完全可以合作，共建物流生态圈以保证双方都可以不断发展、和谐共赢。赵大伟（2014）认为，跨境电子商务生态圈的组成应该是在平台上运营，将若干平台型企业组成一个开放的、大家齐力建设的生态圈。唐建荣等（2015）将供应链网络模型外延扩大，形成物流生态圈模型，从而研究内部的竞合问题。有学者从分布、互动、竞争、演化角度研究经济“新常态”时期电子商务物流生态圈的构建（汪传雷等，2016）。还有学者针对跨境电子商务物流进行研究，探索在跨境电子商务情境下物流生态圈的构建方式，指出跨境物流要树立平台生态发展意识，平台可以带来更方便的信息共享、沟通联系，有助于帮助生态圈和谐发展（张薇，2016）。部分学者以企业间战略联盟为基础，构建了“互联网+”时代的电子商务物流生态圈，提出了基于马尔科夫链的合作伙伴选择模型（翟金芝、赵希男，2016），并对电子商务物流生态圈的耗散结构与演化机理进行了研究（吴亚超等，2017）。

刘岩（2014）指出，物流产业要想继续成长和保持健康、持续发展，生态化必不可少，生态加物流的有机融合可以拓展物流产业的研究思路和发展方向。张硕（2015）认为当下不断完善的供应链链条是促进物流生态圈生成的一大助力。周军（2015）指出当前企业之间的竞争已经逐渐被生态圈之间的竞争代替，构建综合性物流生态圈是企业实现发展的不二选择。在现代信息技术快速发展的时代背景下，陈小娟（2015）指出 B2C 在中国的发展速度十分迅速，各类购物网站不断涌现，但是物流配送的发展速度还跟不上电商的快速发展，因此，电商企业要结合所处的环境采用符合企业发展理念的模式是企业获胜的关键。张顺莉（2015）认为电子商务井喷式的发展为物流行业和快递业的发展带来机遇，但是物流企业原有发展模式已经无法满足电子商务企业的发展需求，必须结合现代信息技术为电子商务物流的发展提供技术支持。

李利群（2016）指出物流生态圈是一种联合创新，并以大宗货物的物流生态圈结构分析为例，强调发展现代物流中生态圈思维的重要性。胡心媛（2016）指出在“互联网+”时代下，电子商务物流生态圈的构建是大势所趋。杨清清（2016）指出电子商务现在已经纷纷打开智慧物流的通路，在互联网时代电子商务物流生态圈模式是顺应环境的产物。刘强、李燕（2016）等认为，物流生态圈的健康发展离不开行业标准的支撑，一个完整有用的机制、标准是生态圈得以构建和发展的外部支撑条件。郝帅（2016）指出在市场日益精进的当下，电子商务物流已经开始朝着终端、大数据等不同方向展开了自己的“生态圈”之路，单打独斗的企业对于生态圈来说优势不再。汪名立（2015）指出，互联网时代下，要打造物流产业生态圈，物流业与互联网就必定要深度融合。樊俊杰（2016）等提出在如今行业竞争激烈及成本高、效益低的前提下，以生态学为指导，构建物流生态圈，为物流提供可持续发展十分迫切。吴宏（2017）指出物流生态圈的构建已经开始形成一定的规模，物流企业和电子商务企业都积极着手打造带有各自特色和独特模式的生态圈，重点在于谁能独占鳌头，带领整个行业更健康、稳定的发展。

（二）研究述评

（1）通过文献梳理发现，电子商务与物流的单独研究已比较丰富，有关电子商务物流的文献数量呈递增趋势，但平台型电子商务企业有关研究目前还主要集中在其概念、功能和商业模式等方面，随着电子商务实务的创新发展，平台型电子商务企业物流理论研究也有待深入，以平台型电子商务企业为研究对象并直接关注其物流系统的研究有待深入挖掘。

（2）供应链协同的单独研究较多，但与电子商务物流结合起来的研究较少。通过文献发现，对供应链协同的有关研究起步较早，成果已比较丰富，主要集中在协同概念、协同模型及协同策略等方面，将供应链协同与电子商务物流结合起来的研究甚少；在 Elsevier、Wiley 等大型外文数据库中将“Electronic”与“Supply Chain Collaboration”同时作为“Title 或 Abstract”关键词进行搜索仅得到少量几篇同时涉及“电子商务与供应链协同”的文献（McIvor R. et al.，2003；Anantaram，

2004；Bikram K.，2012）；在中国知网中将“电子商务物流”与“供应链协同”同时放在“篇名”中进行搜索仅得到4篇文献（毛爱英，2007；王志国，2012；郭玉华，2014；宋志蕙，2019），可见，把供应链协同理论用在电子商务及物流有关研究还有待继续深入。

（3）关于电子商务生态系统的文献并不多，且直接研究电子商务物流生态圈的文献较鲜见。在Elsevier、Wiley等大型全文数据库中单将“Logistics Ecological”作为“Title或Abstract”关键词进行搜索也仅得极少几篇涉及“物流生态”的相关文献（Keith R.，2013；Sabina，2014）；在中国知网等大型全文数据库中，将“电子商务生态”放在“篇名”总共得到百余篇文献，近五年的文献有90篇，约占总文献的80%以上，且近五年文献逐年递增趋势明显；而将“电子商务物流生态圈”“电子商务物流生态系统”分别作为篇名进行搜索仅得到两篇文献（汪传雷等，2016；舒辉等，2020）。有关电子商务生态及电子商务物流生态的话题被关注的时间较晚，电子商务物流生态圈的研究尚属于较新课题，有关成果较少，有待不断丰富和完善。

综上所述，国内外学者在供应链协同与电子商务物流方面的单独研究已经比较丰富，取得了一些值得借鉴的成果，但系统关注平台型电子商务企业物流的研究较少，现有零星文献研究的深度不够，多停留在基础理论解释层面，还没有涉及平台型电子商务企业物流生态圈的结构、运作模式及构建策略等问题，从供应链协同视角直接关注平台型电子商务企业与物流服务企业的协同共生问题，并对构建平台型电子商务物流生态圈的研究实属前沿性。随着电子商务产业的持续发展，物流已然成为制约电子商务企业快速成长的瓶颈，迫切需要对电子商务企业物流良性发展问题进行深入系统的研究，电子商务企业物流生态圈协同演化及构建将成为理论界和实务界共同关注的一个战略性话题。

三、研究内容及思路

（一）研究内容

本书以平台型电子商务企业物流生态圈作为研究对象，首先，在对平台型电子商务企业进行相关基础内容概述，通过对平台型电商企业物流服务现状及问题的分析，深入解析平台型电子商务企业物流生态圈相关主体构成及作用关系；其次，剖析供应链协同视角下不同类型平台型电子商务企业物流生态圈的结构，进而深入分析平台型电子商务企业物流生态圈的运行机理，并在供应链协同视角下进行平台型电商企业物流生态圈的演化模型构建，从种间演化和种内演化两方面进行求解与仿真；再次，结合典型的平台型电商企业阿里巴巴的物流生态圈进行实例分析，最后提出构建平台型电商企业物流生态圈的对策。主要内容如下。

（1）引言。主要包括本书选题的背景及意义、相关国内外研究现状及述评、本书研究内容及思路、研究方法及可能的创新点等内容。

（2）相关基础内容概述。主要包括生态圈系统的含义、商业生态圈系统的含义及结构、平台型企业的定义及类型、平台型电商企业物流的特点、演进过程及常见物流仓配模式、平台型电商企业物流服务现状及平台型电商企业物流生态圈等相关内容概述。

（3）平台型电子商务企业物流生态圈的类型与结构。主要包括平台型电商企业物流生态圈的种群分类、类型与特点，以及不同类型的平台型电商企业物流生态圈结构等内容。

（4）平台型电子商务企业物流生态圈的演化机理。主要包括平台型电子商务企业物流生态圈协同演化的诱因、演化阶段、种群互动关系、演化动力、自演化机理与交互演化机理等内容。

（5）平台型电子商务企业物流生态圈的种间演化模型及仿真。主要包括平台型电子商务企业物流生态圈的种间协同共生模式、种间协同稳定性模型构建及求解、种间协同稳定性仿真结果分析、种间协同仿真结论与启示等内容。

（6）平台型电子商务企业物流生态圈的种内演化模型及仿真。主要包括平台型电子商务企业物流生态圈的种群生态位量化模型、种内协同演化模型、种内协同演化仿真结果分析及种内协同仿真结论与启示等内容。

（7）平台型电商企业物流生态圈的演化实例分析。主要包括阿里巴巴菜鸟物流简介、阿里巴巴物流生态圈构建主体及核心能力、阿里巴巴菜鸟物流仓配流程、阿里巴巴物流生态圈结构、阿里巴巴物流生态圈协同演化过程、阿里巴巴物流生态圈构建经验与启示等内容。

（8）协同视角下平台型电商企业物流生态圈的构建策略。主要包括充分发挥平台型电商企业领导种群的带头作用、创建平台型电商企业标准化物流仓配流程、构建平台型电商企业与物流企业无缝衔接仓配联盟、搭建平台型电商企业物流生态圈联盟成员仓配一体化信息系统、创建平台型电子商务企业专业物流团购平台、加强平台型电商企业物流服务质量建设等内容。

（9）总结与展望。对本书的主要结论进行总结，并对未来有待持续关注的领域进行展望。

（二）研究思路

本书主要遵循“基础内容概述及平台型电子商务企业物流现状→平台型电子商务企业物流生态圈的类型及结构→物流生态圈演化机理→物流生态圈演化模型及仿真→物流生态圈演化实例→物流生态圈构建策略”的路径进行研究（见图 1-1）。

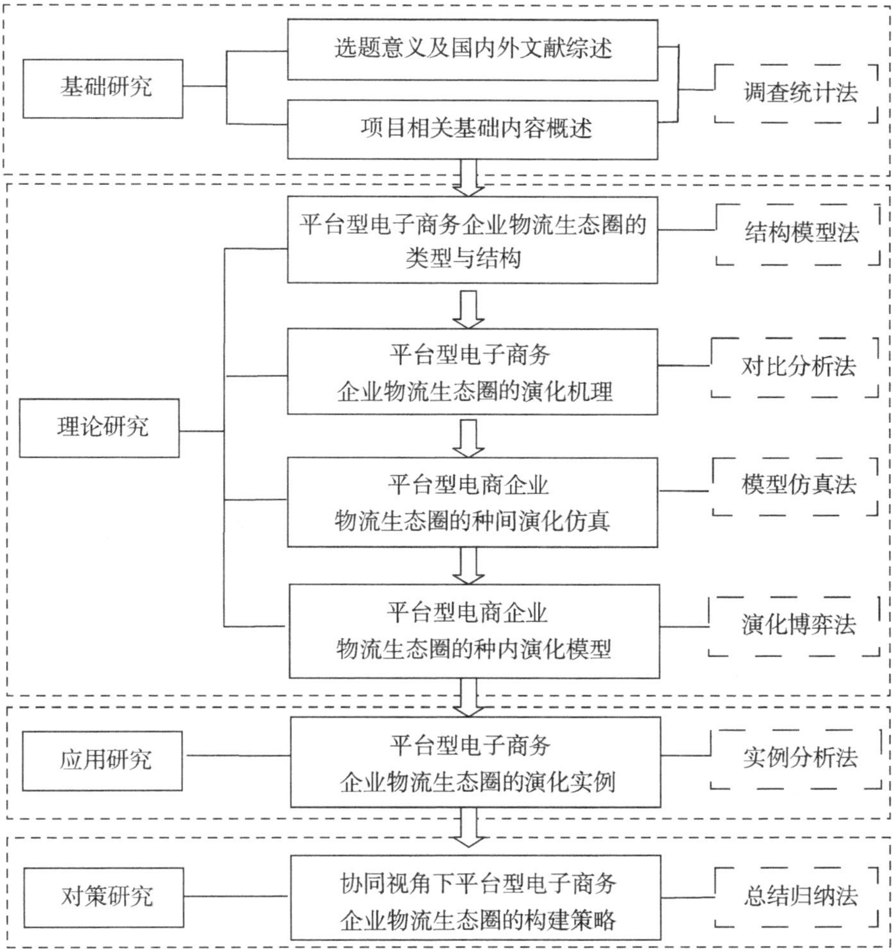

图 1-1 本书的研究思路

四、研究方法

供应链协同视角下平台型电子商务企业物流生态圈的构建是一个跨界的复杂问题，需借鉴并采用多种研究方法，具体方法如下。

（1）调查统计法。为了真实地把握平台型电子商务企业物流现状及存在的典型问题，拟对阿里巴巴和亚马逊中国等平台型电子商务企业及其物流服务商进行实地调查统计，以获取更准确的资料。

(2) 结构模型法。本书利用结构模型法对平台型电子商务企业物流生态圈结构进行分析并建立供应链协同视角下平台型电子商务企业物流生态圈结构模型。

(3) 对比分析法。本书对平台型电子商务企业物流生态圈的演化机理及演化模型进行分类，对比分析了种群间和种群内协同动力及机理的异同。

(4) 模型仿真法。本书利用 Matlab（矩阵实验室）分别对平台型电子商务企业物流生态圈的种间关系与协同竞争模型进行推理演绎，并进一步针对物流外包模式下的平台型电子商务企业和物流服务企业的协同共生演化进行仿真分析。

(5) 演化博弈法。本书应用演化博弈理论，建立平台型电子商务企业物流生态圈的种内演化博弈模型，推导复制动态方程，对系统均衡点进行求解讨论。

(6) 实例分析法。本书借助典型的平台型电商企业阿里巴巴物流生态圈进行具体实例分析。

(7) 总结归纳法。本书将通过归纳总结法提炼供应链协同视角下平台型电子商务企业物流生态圈的构建策略。

五、本书的创新点

(1) 本书深入关注平台型电子商务企业物流生态圈的构建问题，将供应链协同思想与平台型电子商务企业物流生态圈的构建相结合，借助商业生态理论、生态学种群关系理论将平台型电子商务物流生态圈分为自建物流生态圈、外包物流生态圈和联盟物流生态圈，扩展了电子商务物流生态圈的研究范畴。

(2) 本书尝试构建了不同类型平台型电商企业物流生态圈的结构模型，探索性地分析平台型电子商务企业物流生态圈的协同演化动力和协同演化机理，将供应链协同视角下的平台型电子商务物流生态圈演化动力分为自演化动力和交互演化动力，并深入分析平台型电子商务企业物流生态圈两种演化动力对应的自演化机理和交互演化机理，这是本书特有的分析思路。

（3）本书借助供应链协同理论、演化博弈理论探索平台型电子商务企业物流生态圈的协同机理及协同模型，根据平台型电子商务企业与物流服务企业合作的深入程度，将平台型电子商务物流生态圈种群间的协同模式分为兼性共生模式和专性共生模式，通过仿真证明了兼性共生模式产生的协同效应要比专性共生模式产生的协同效应更高，这说明平台型电子商务企业将物流部分外包的效果要好于将物流全部外包，这也提醒选择物流全部外包的平台型电子商务企业应重视与物流服务企业之间协同关系稳定性的维护，通过充分发挥企业领导力和协同贡献的作用以实现双方的持续、健康发展。这些观点在国内外电商物流及物流生态圈协同演化研究中具有一定的创新性。

第二章　相关基础内容概述

一、生态圈系统相关内容

（一）生态圈系统的含义

生态圈在自然科学中同义于生物圈，这一词最早由美国地质学家爱德华·苏威斯提出。随着人们对自然和生态的深入研究，渐渐将生态学升级并定义为生物圈，而生物圈可以看成是所有生物链的集合和统称，也可以视为地球上的环境和所有生命体构成的组合，它是地球上最大的生命系统和生态系统。生态圈的意义在于将生态圈中的各种生命体和环境建立联系，从环境中吸收能量并经过转化又反过来影响环境，其中能量以单项传递为主，而其影响和作用呈现出递减趋势。生态圈主要组成成分是生物与环境，是在一定的时间和空间内，生物与环境互相影响、互相依赖形成的生态单元，其内部各成员、环境间存在着不断的能量流动。生态圈具有复杂性的特点，每个内部群体及个体之间相互作用，联结成特殊的网络结构。

（二）生态圈系统的种间关系

生态圈中的构成单位是种群，而种群与种群之间的关系可以简称为种间关系。种间关系比较复杂，根据双方之间的依赖程度，可以分为互利共生关系、竞争关系、捕食或被捕食关系和寄生关系等。种群之间错综复杂的关系对生态圈系统的生存和发展起着十分重要的作用，影响着群落和生态圈系统的持续性和稳定性。与决定种群生存状态的生态圈系统类似，社会系统之所以可以保持稳定发展，是由社会系统中的各种成分之间的协调性、互惠互利性决定的。李振基（2015）以（+）表示有利，（-）表示有害，（0）表示无害，总结了两种群之间的各种关系

(见表 2-1)。

表 2-1 生态圈系统中的种间关系

种间关系类型	种群		主要特征
	A	B	
中性	0	0	彼此互不影响
竞争	-	-	相互有害
偏害	-	0	种群 A 受害，种群 B 无影响
捕食	+	-	种群 A（捕食者）有利，种群 B 受害
寄生	+	-	种群 A（寄生者）有利，种群 B 受害
偏利	+	0	种群 A 有利，种群 B 无影响
互利	+	+	彼此都有利

二、商业生态圈系统相关内容

（一）商业生态圈系统的内涵

商业生态圈系统是基于自然生态圈系统提出的，经济环境中组织与个人、延伸至生产者及供应商、其他团体或者机构、政府等都可以成为商业生态圈的组成要素（Moore，1996）。商业生态圈系统的组成同样分为无机环境和生物成分，但是，与自然生态圈系统不同的是无机环境代指政治、经济、文化、技术等外部环境，生物成分则是众多与经济活动利益相关的参与主体。商业生态圈系统中不同成员的地位存在差异。在商业生态圈中，骨干类企业是其核心成员，是生态圈实现价值创造的重要主体；同时，还有一类企业从生态圈中吸收营养和价值，成为主宰类企业；商业生态圈系统中最普遍存在的企业是缝隙型企业，也是在价值分配中处于最劣势地位的企业（Iansiti and Levien，2004）。

（二）商业生态圈系统的结构

商业生态圈系统通常由多个子系统构成，这些子系统往往处于不同地位。商业生态圈的主体结构是以生产企业、直接供应商与直接顾客组成的线性系统。沿着线性系统，对其上下游不断扩展，形成扩展系统。此外，相关的服务机构构成了环境系统（见图 2-1）。

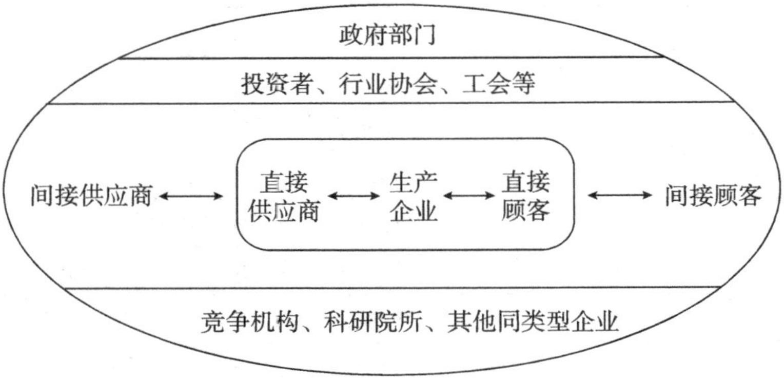

图 2-1　商业生态圈的系统结构

商业生态圈系统最主要的特征是内部的依赖性。商业生态圈系统内部存在诸多参与主体，而且这个系统不断地与外界交换着物质，为了维持生态圈系统这一复杂系统的有序运转，参与者们需要在各个环节进行交流、合作，避免因为信息不对称、沟通不畅、资源分配不匹配等原因引起的问题。商业生态圈之间的这种依赖性还体现在商业生态圈内部企业与环境间的依赖关系，企业的存续、生态圈的稳定和生态圈内外部环境的稳定息息相关，政策、技术、经济等方面的任何环境因素出现变化，都有可能改变均衡状态中的系统参量，影响生态圈的均衡。

商业生态圈的另一个特征是其内部广泛存在着合作竞争关系。商业生态圈内的企业经营活动是可以达到双赢的正向博弈过程。由于生态圈内的企业间存在着较强的依赖性，企业间可以互相整合优势资源，扩大自身资源和功能边界。传统企业在经营战略中的竞争策略依然存在，这会促进企业在经营管理及流程优化方面不断革新。合作竞争关系为生态圈内的企业带来了规模经济效应和网络外部效应。生态圈系统内的企业分布在不同的流程和环节，每个企业得以专注于提高自身的专业化程度，这样更有利于提升专业竞争优势，降低交易成本。

三、平台型企业有关概述

（一）平台的概念

早在20世纪90年代，研究者们在产品研发领域中将平台定义为一种容易通过对其中某些模块进行改良而满足大部分消费者需求的产品，是买卖双方共享的共同要素。

经济的不断发展给市场注入了变化的动力，传统的单边市场理论已经无法解释某些特定类型企业的经营行为、竞争策略等相关问题。因此，国内外学者开始关注双边市场理论。最早提出双边市场理论的学者认为若平台选择价格不变的策略，则双边用户任意一方价格水平的变动都会影响该平台的总需求和总交易量（Rochet and Tirole，2003），但是这种定义忽视了平台的网络外部性。黄民礼（2007）提出双边市场的前提即需求双方之间具有网络外部性，且在具有中介作用的平台上完成交易活动。

网络外部性是平台的重要特征，入驻平台上的企业越多，交易活动越活跃，平台型的外部性就越高。以电子商务平台为例，电子商务平台通过补贴、广告等方式吸引的消费者越多，消费者消费的积极性越高，则电子商务平台上供应商所获得的利益就越高，参与的供应商也越多。这种循环的正向影响就是电子商务平台的网络外部性。

（二）平台型企业的定义

平台型企业为平台的供应商和消费者都提供了集中的可能，平台上聚焦的合作方可以交换产品、信息、货币。平台交易不受地理区域的限制，入驻的卖家和客户只需要根据自身的需要选择理想的商品或者服务，最终达到较好的满足。作为网络外部经济的典型体现，平台型企业是商业模式创新的产物。平台型企业的运作逻辑也源于双边市场理论和平台经济理论，在大数据和移动互联网背景下，越来越多的企业或刻意、或潜移默化地将互联网引入自身的商业活动中形成一种平台。平台型企业也如雨后春笋一般涌现出来，创业者们在数十年中探索如何通过互联网将各类市场、服务和产品搬上平台并连接尽量多的用户，建立了覆盖人们生活各个方面的商业平台（见表 2-2）。

表 2-2　多种商业平台

市场	平台连接的一方	平台	平台连接的另一方
操作系统	用　户	Windows、Mac、Ios、Android	APP 开发商
线上交易	消费者	淘宝、京东、苏宁	卖　家
在线支付	消费者	支付宝、微信支付、付呗	商　户
闲置转让	买　家	闲鱼、转转、瓜子	卖　家
游　戏	玩　家	Steam、PS4、XBOX	游戏开发商
招　聘	求职者	智联招聘、51Job	雇　主
内容获取	内容使用者	微信、今日头条、抖音	内容制作者

（三）平台型电子商务企业的界定及类型

平台型电子商务模式是诸多电子商务模式中的一种。平台型电子商务企业是将卖方和平台运营商相分离，它提供的并不是有形的商品，商品是由入驻平台的卖家提供的，而平台型电商企业提供信息交流平台和一定的配套服务，包括支付、物流、技术等。也就是说，通过互联网为买方和卖方搭建合作的桥梁，本身并不参与产品主题交易过程，但提供信息媒介相关服务的电子商务企业称作平台型电子商务企业。

平台型电子商务企业是相对于垂直型电子商务企业而言，指专业的平台运营商建立线上平台连接上下游供应链的电子商务企业，通过掌握的第三方商家经营情况和产品质量状况进行大数据分析，对商家经营活动提供建议与指导。不同的平台型电子商务企业连接的供应链成员不同，一般包括商家与消费者。平台型电子商务的本质在于提供配套交易服务，以优化整个电子商务系统，并不从事买卖交易活动。随着电子商务流量的不断增加，平台型电子商务行业由连接型转为交易型，电商平台的功能也由信息交换转变成交易服务，并且涵盖认证、支付、物流、安全、客服、渠道等功能。

本书讨论的平台型电子商务企业包括两种类型，既涵盖了纯平台电商企业，也包括综合类平台电商企业。前者是指电子商务平台上所有的商家均为品牌商、品牌授权代理商、个体卖家等，运营商没有实物产品，只提供支撑性的网络营销、网页设计、网络搭建、客户服务、交易保护、物流管理等服务，典型代表有阿里巴巴、唯品会等。后者指电子商务企业运营商不仅吸纳各类第三方厂家和商家在平台上进行交易，而且在某些细分品类上推出自己的品牌商品，典型代表有聚美优品、京东商城、Sephora 等。根据入驻商家的不同，平台型电子商务企业又可分为 B2C、C2C、B2B 等。B2C 平台型电子商务企业有天猫、京东商城、聚美优品、顺丰优选等。C2C 平台型电子商务企业有淘宝等。B2B 平台型电子商务企业有阿里巴巴、Kellysearch 等。本书重点关注平台型电子商务企业物流生态圈的结构及演化机理，并提出仓配无缝衔接的物流生态圈构建策略。

四、平台型电子商务企业的物流

（一）平台型电子商务企业物流的特点

根据平台型电子商务货物流通的现实情况，可总结出平台型电子商务企业的物流特点，即数据处理压力大、路线规划复杂、服务领域跨度大、物流服务商协调困难等。

（1）数据处理压力大。平台型电子商务物流连接多个主体，订单信息、地址信息、物流实时追踪信息等都需要经过详细分析与处理，处理完毕后储存在数据库中作为历史数据。与垂直电子商务不同，多头买家与商家的物流数据对平台型电子商务企业物流数据的处理能力提出了更高要求，包括及时处理信息的能力及追踪信息公开的透明度，只有高度信息化的物流系统才能保证平台型电子商务企业的物流服务水平。

（2）路线规划复杂。很多平台型电子商务企业的交易商品属于日常消费类，商家生产和存放的货品分散，物流企业集货难度较大。一方面，平台型电子商务交易货品的数量小、批次多、价值低，这时物流企业大多会采用集中分拣配送的方式降低成本，这就加大了货物分拨的困难。因此，从仓库到分拨中心再经过“最后一公里”配送到消费者手中，整个过程的物流运输路线规划较为复杂，平台型电子商务企业必须对物流服务进行合理的计算和规划。

（3）服务领域跨度大。大部分平台型电子商务产品品类庞大，以京东商城为例，包括家用电器、电脑办公、服装鞋包、母婴玩具、数码产品、营养保健、图书音像等多种类别，特别是生鲜冷冻、家居家纺等类别对物流服务要求极高，不仅要有现代化的冷链物流设施，还要提供家居产品上门安装服务，这些大跨度的细分物流服务也是平台型电子商务企业物流的一大特点。

（4）物流服务商协调困难。协调难点主要有两个：一是物流服务商类别繁多，仓储、运输、安装、报关、物联网等各类物流企业共享一个物流体系，业务特点各不相同，协调难度极大；二是第三方物流服务商大多规模较小，实力较弱，特别是中小型物流企业信息系统化程度低，大规模资金投入缺乏，运作标准化观念落后，管理难度较大。

（二）平台型电子商务企业的物流演进过程

根据平台型电子商务企业与物流服务主体间的连接密切程度和物流服务水平的高低，可以将平台型电子商务企业有关物流模式发展演进过程归为三种模式：松散合作模式、“化零为整”的高效整合模式和平台型电子商务企业物流生态圈系统（见图 2-2）。

平台型电子商务在发展初期，平台上的大部分参与者体量较小，此时电子商务交易平台上的企业对如何更好地管理供应链缺乏经验，无论是产品供应链上下游企业，还是企业和平台之间都呈现出一种松散的合作模式，没有形成一个以核心企业为主导的一体化管理的供应链，各企业是独立经营的状态，根据自身的物流需求寻找相应的物流服务提供商。同时，物流服务提供商之间缺乏必要的分工与协作，且物流服务企业与商户之间的供需关系往往是临时性的、缺乏长期有效协同的，更没有形成以物流服务集成化为目标的完整管理模式。

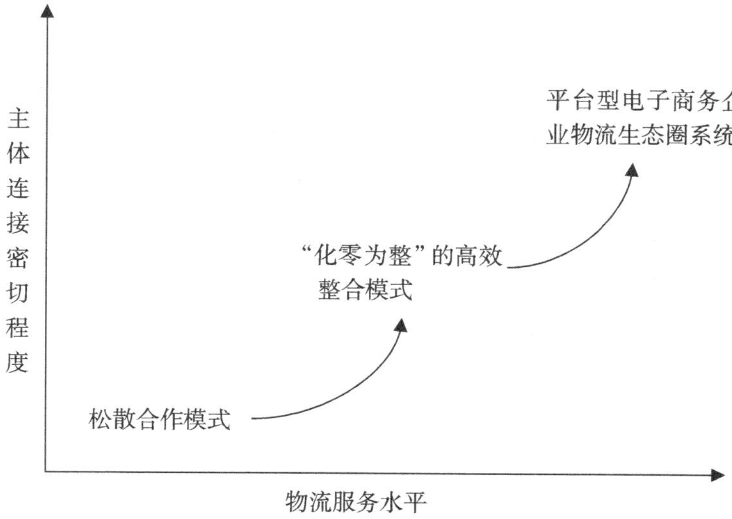

图 2-2 平台型电子商务物流发展演进过程

随着电子商务平台上的企业规模逐渐扩大，物流服务集成商与平台型电子商务企业的合作逐渐深入、服务频次越来越多，物流服务商所提供的服务质量不断升级，彼此间的信任度也随之提高。同时，在市场竞争加剧的情况下，客户需求不断变化，松散的供应链服务合作将难以满足顾客多样化的需要，也难以在市场竞争中获得优势。目前，电子商务平台上的参与者们及物流服务企业也都意识到需要通过与平台型企业进行协作和资源整合来形成集成化服务模式，只有这样，才能更好地在市场竞争中获胜。电子商务平台能够将物流需求进行集成化，同时某些核心物流企业也可以将物流服务进行集成化。这种“化零为整”的模式使平台型电商企业与物流服务商间松散的联动变成了有针对性的高效联动。

伴随“互联网+”的深入推进和电子商务的快速发展，电子商务消费供应链逐渐趋向于扁平化，产品制造商走向台前直接面对消费者，消除了层层营销环节，完成了营销的“去中间化”。中间环节的消失使传统营销渠道的部分功能需要由物流环节代替，物流环节开始需要承担体验、反馈等增值功能，物流服务甚至开始深入产品生产制作环节，实现产品生产和流通的无缝衔接。在转型升级的同时，物流生态圈系统的功能也变得更加多样化，优质的物流服务是核心功能，此外，与之相关的金融、保险、云计算、政务等综合化的服务也不可或缺。以满足物流需求为核心，电子商务平台与物流平台逐渐形成了以“互联网+”为基础的共享、共生的平台型电子商务物流生态圈系统。此生态圈系统集成和整合了各个服务主体的功能，能够对各个主体和资源进行控制调配，从意义上真正实现了企业价值的联动。

（三）平台型电子商务企业常见物流仓配模式

平台型电子商务企业一般会根据物流战略发展目标选择仓配模式，将仓储与配送剥离成两个模块，分模块进行自营或外包，因此可形成四类组合情况，即“仓储自营+配送自营”模式、“仓储自营+配送外包”模式、“仓储外包+配送自营”模式、“仓储外包+配送外包”模式。其中，“仓储自营+配送自营”模式并不是指平台型电子商务企业实现仓储与配送完全自营，因为平台型电子商务企业受限于资源管理能力，难以覆盖到全球每个区域，所以对于无法覆盖的网点，大部分平台型电子商务企业基本会采取配送外包的方式。

1.“仓储自营+配送自营”模式

“仓储自营+配送自营”模式是由亚马逊开创的（见图 2-3）。亚马逊借助大数据和云技术进行仓储及配送物流的管理，推出随机存储模式、大数据预测调拨、智能分仓、机器人仓储、无人机配送等创新仓配模式。苏宁易购与京东商城也是采用此模式。苏宁物流的 57 个智慧化物流基地全部是自建，共 1880 万平方米。京东启用了 250 余个大型仓库，6 个“亚洲一号”智能仓库已开始运行。

这类模式的平台型电子商务企业实现了仓配一体化自营管理，一般由一个统一的自营配送中心完成仓储和配送所有的流程。商家根据大数据分析技术，通过分析历史订单做出消费预测，将适量的货品送入平台型电子商务企业的自营配送中心，在指定货架上存储，以特定的编码形式进行管理。顾客通过平台型电子商务企业的平台完成线上下单，电商平台直接将下单信息通过订单管理系统 OMS（Order Management System）转到自有配送中心，同时商家可以通过 ERP 系统（Enterprise Resource Planning）实现协同，能够迅速将订单信息进行备份。配送中心通过使用仓储管理系统 WMS（Warehouse Management System）能够迅速搜寻库存信息，对订单产品进行定位，拣货员根据订单信息、发货信息拣货，并安排车辆及人员进行货品的出库及配送。

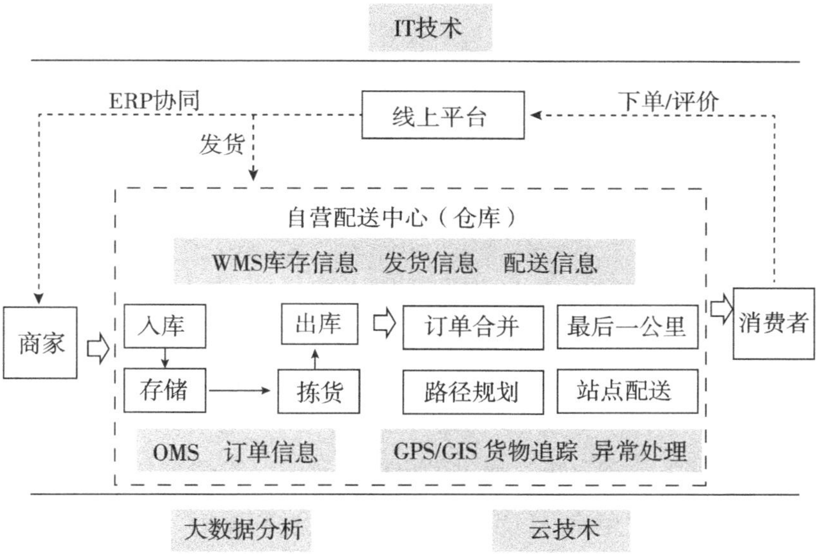

图 2-3 平台型电子商务企业“仓储自营+配送自营”的运作模式

2. “仓储自营+配送外包”模式

由于仓储运作相对配送运作更加复杂，存在很多个性化的仓储要求，如冷链仓储，且对整个物流服务速度的影响重大，一些成熟的平台型电子商务企业采用“仓储自营+配送外包”模式（见图 2-4）。仓储自营意味着平台型电子商务企业必须根据消费者市场及配送路线选址，结合仓储内部运作需要进行仓库布局规划，投入货架、叉车、人员等硬件设施。另外，还需要对岗位人员进行相关技术培训。所有仓储运作都是依托于订单管理系统 OMS、仓储管理系统 WMS，以标准操作手册 SOP（Standard Operation Plan）的形式确定下来，从而实现仓储环节的优化管理。配送环节可外包给相应的服务商负责，并对其操作进行标准化管理。

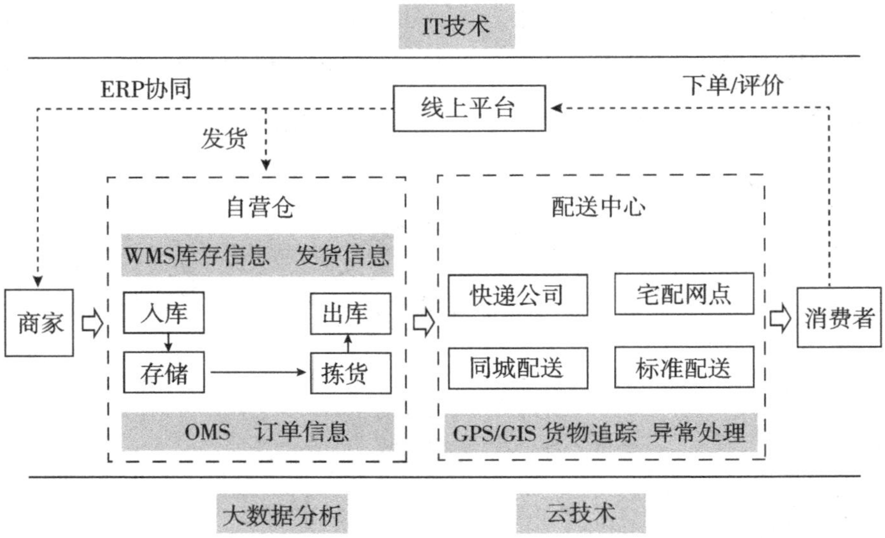

图 2-4 平台型电子商务企业“仓储自营+配送外包”的运作模式

商家根据大数据分析，通过做出消费预测，将适量的货品送入自营仓，在指定货架上存储，以特定的编码形式进行管理。消费者通过平台型电子商务企业的线上平台下单；平台直接将订单信息通过订单管理系统 OMS 转到自营仓，同时，商家得益于 ERP 协同，能够迅速将订单信息进行备份；自营仓内仓储管理系统 WMS 能够迅速搜寻库存信息，对订单产品进行定位；拣货员根据订单信息、发货信息拣货。

这种模式下的仓储管理与“仓储自营+配送自营”模式基本一致，分拣货物后涉及配送部分有区别，一般由调度员联系配送服务商派车辆进行货品出库。配送服务商的配送员在配送途中接受实时的追踪定位，最后通过标准化配送将货品送到消费者手中。消费者检查货品情况后进入平台型电子商务线上平台评价物流服务与商家服务，对应的信息会同步给商家、仓储中心与配送中心。目前采用此模式的代表企业有当当网、酒仙网、我买网、洋码头等。平台型电子商务企业自建仓储中心，配送环节则与申通、中通、圆通、韵达合作，由第三方配送企业从平台型电子商务企业自营的仓库中发货，并进行实时监控与服务质量追踪。

3. “仓储外包+配送自营”模式

部分平台型电子商务企业不具备仓储基础设施等条件或者受资源和能力的限制选择将仓储业务外包给运营商，但为了维持和客户的直接接触又选择完全控制配送环节。为此而自行购置配送车辆，招聘并培训配送人员，并打造自己的配送团队。仓储外包意味着平台型电子商务企业应管理控制好仓储运营商的仓储操作规范，利用相互连接的 OMS 与 WMS，追踪仓储运营商的库内操作。配送自营对平台型电子商务企业提出了更高要求，企业必须建立自己的车队和配送团队，集成订单信息规划配送路线，按照统一的配送作业标准完成商品交付。在这种模式下，平台型电子商务企业只需处理好与仓储运营商的利益分配关系，配送环节自负盈亏（见图 2-5）。

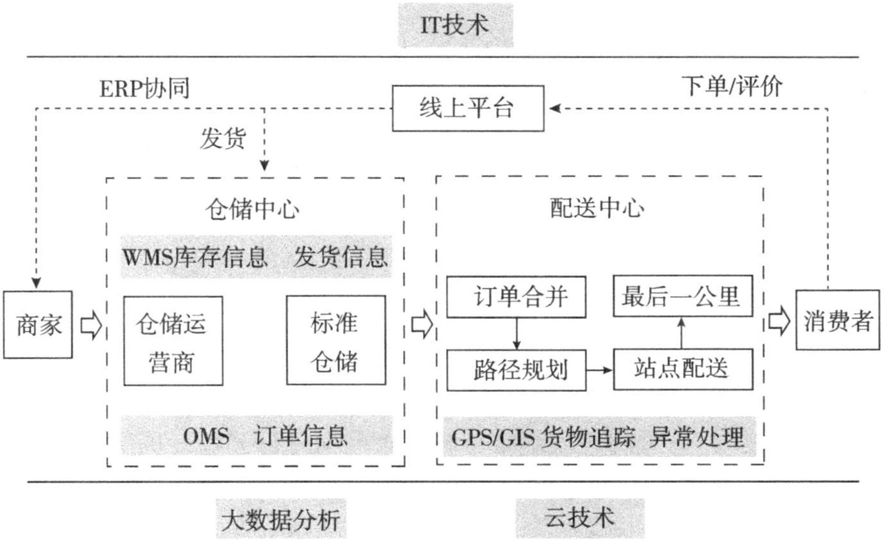

图 2-5 平台型电子商务企业“仓储外包+配送自营”的运作模式

在这种模式下，商家基于历史数据的分析提前将货品送入仓储中心，由仓储运营商代为管理。仓储运营商的考核工作主要由平台型电子商务企业进行。当消费者通过电子商务平台下单，订单信息直接同步到平台型电子商务企业仓配一体系统中，并对仓储中心直接发出发货指令。仓储运营商根据订单信息对指定货品进行标准化出库操作。与此同时，平台型电子商务企业将大量订单进行分析处理，规划配送路径并同步到配送中心，配送中心再安排车辆与配送员前往指定仓储中心运货，然后根据规划好的路线将货品配送到站点，由站点上门送货或通知消费者自提货品。消费者检查货品情况后进入平台型电子商务线上平台评价物流服务与商家服务，对应的信息会同步传给商家、仓储中心与配送中心。

4. “仓储外包+配送外包”模式

部分平台型电子商务企业考虑到节省运营成本或轻量化运作，趋向于将仓储业务与配送业务全部外包出去，这就是“仓储外包+配送外包”模式。仓储与配送全部外包意味着平台型电子商务企业必须对联盟合作商的服务规范与服务质量进行严格控制，特别是借助互联网技术的力量实现整个物流联盟团队的良好合作。“仓储外包+配送外包”模式对平台型电子商务企业的管理能力提出了巨大的挑战，不仅要结合具体物流企业的仓配运作情况确定仓配一体化的标准运作流程，而且要对整个环节的利益进行合理分配，创造实时交流的平台，实现信息的共享（见图 2-6）。

目前采用此模式的代表企业有早期的阿里巴巴集团、莎莎网、敦煌网等。阿里巴巴集团的菜鸟网络是最早采用仓配全部外包的方式运营物流。基于互联网，以数据驱动社会化协同仓配及供应链，接入仓配服务商信息系统，打通全网物流链条，收集大数据进行分析，提供信息预测与行业解决方案。商家根据大数据分析，通过做出消费预测，将货品送入合作的仓储中心，由仓储运营商代为管理。平台型电子商务企业不需要安排人员进行库存管理，只需要对仓储运营商的库存管理水平进行定

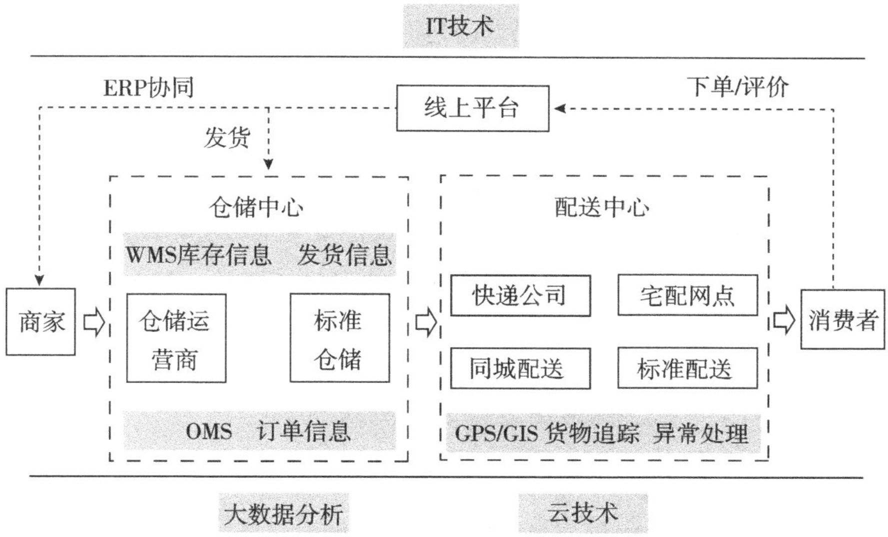

图 2-6 平台型电子商务企业“仓储外包+配送外包”的运作模式

期考核，并帮助其解决实际问题。当消费者通过平台型电子商务企业的线上平台下单，平台直接将订单信息通过订单管理系统 OMS 转到自营仓，同时商家得益于 ERP 协同，能够迅速将订单信息进行备份。仓储运营商通过 OMS 与仓储管理系统 WMS 对指定货品进行标准化出库操作，并配合配送服务商将货品装载进车。接着，配送服务商进行干线运输、同城配送和最后一公里配送，同样也是按照平台型电子商务企业规定的操作流程，将货品送达消费者处。消费者检查货品情况后进入平台型电子商务线上平台评价物流服务与商家服务，对应的信息会同步传给商家、仓储中心与配送中心。“仓储外包+配送外包”整个运作模式也都是基于 IT 技术、大数据分析、云技术实现一体化运作。

与其他模式不同，“仓储外包+配送外包”模式下的平台型电子商务企业不需要进行实际的仓储作业，也不用投入硬件设备和专业人员进行仓储作业管理，电子商务企业需要重点进行的工作是跟踪与监控。对仓配服务商的操作进行在线跟踪，同时处理异常情况，定期对服务商进行考核。因此，“仓储外包+配送外包”模式的运作流程相对简单，但需要进行的统筹协调工作却不少。

在现代电子商务物流运作过程中，四种模式的正常运作都是基于IT技术、大数据分析或云技术，通过WMS、OMS、ERP、全球定位系统GPS（Global Positioning System）或地理信息系统GIS（Geographic Information System）等技术，通过仓储和配送的连通衔接，达到信息、资金、货物等顺畅的目的。

五、平台型电子商务企业物流服务现状

（一）电子商务的发展现状

随着消费者线上购物习惯的形成，我国网络购物交易规模呈逐年快速上升趋势，根据艾瑞咨询研究院数据显示，2019年社会消费品零售总额达411649亿元，中国网购市场交易总额达到100173.1亿元（见表2-3），网购市场交易总额占社会消费品零售总额的24.3%。

表2-3　社会消费品零售总额与网购市场交易规模

（单位：亿元）

项目 \ 年份	2015	2016	2017	2018	2019
社会消费品零售总额	300930.8	332316.3	366261.6	380986.9	411649
中国网络购物市场交易规模	38039.0	46816.1	62324.3	79078.4	100173.1

资料来源：艾瑞咨询研究院网站。

2018年我国B2B电子商务线上渗透率达15.5%，比上年增加0.6%，B2B电子商务交易规模为19.5万亿元，比上年增加9.55%，如表2-4所示。

表 2-4　我国 B2B 电子商务交易规模及线上渗透率

项目＼年份	2014	2015	2016	2017	2018
B2B 电子商务交易规模（万亿元）	10.0	11.8	14.6	17.8	19.5
线上渗透率（%）	11.6	13.0	14.2	14.9	15.5

资料来源：艾瑞咨询研究院网站。

根据 2019 年我国企业采购电子商务市场竞争格局数据显示，第一梯队企业依然是阿里巴巴平台型电子商务企业，占了整个电子商务市场采购 70.6%的份额（见图 2-7）。阿里巴巴依然以绝对领先地位占了市场份额的主要部分。

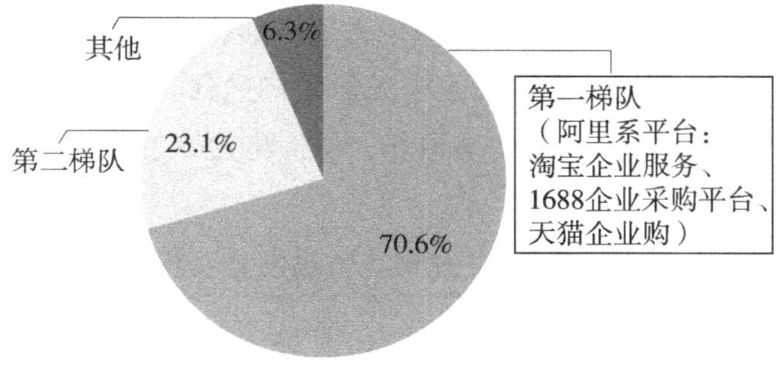

图 2-7　我国企业采购电子商务市场的竞争格局

资料来源：艾瑞咨询研究院网站。

根据艾瑞咨询研究院"2019 年中国企业电子商务平台市场规模结构"的数据显示，我国电子商务平台主要以消费类电子商务衍生的采购平台和 B2B 电子商务采购平台为主，其中，消费类电子商务衍生的采购平台占整个电子商务平台市场规模的 62.0%，B2B 电子商务采购平台占整个电子商务平台市场规模的 35.2%（见图 2-8）。

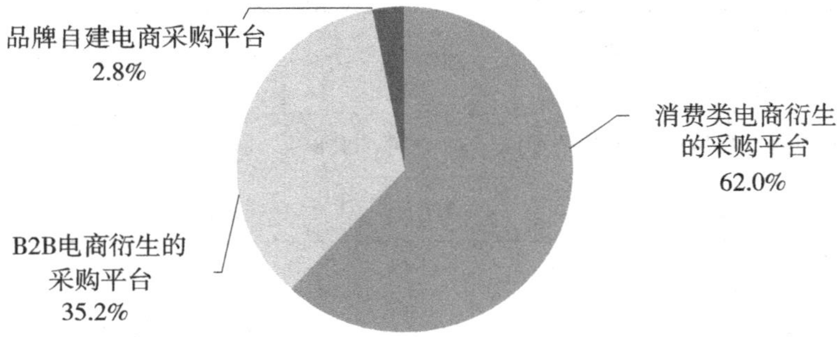

图 2-8　我国企业电子商务平台市场规模结构

资料来源：艾瑞咨询研究院网站。

（二）物流与电子商务物流发展现状

2018 年我国第三方物流规模达到 2406 亿美元，增速达 17.1%，第三方物流在整体社会物流总费用中的占比不断提升。根据艾瑞咨询研究院的分析，2020 年第三方物流的市场规模将达到 3310 亿美元，增速达 17.2%，第三方物流在整个物流市场的份额将达到 13.9%（见表 2-5）。

表 2-5　第三方物流市场规模及份额

项目＼年份	2015	2016	2017	2018	2019	2020
第三方物流规模（十亿美元）	150.0	176.0	205.5	240.6	282.5	331.0
增长率（%）	15.4	17.3	16.7	17.1	17.4	17.2
第三方物流份额（%）	8.7	10.5	11.5	12	12.9	13.9

资料来源：艾瑞咨询研究院网站。

随着电子商务的快速发展，我国快递行业也持续多年高速发展，总体增量可观。但由于国内快递企业对于电子商务件的高度依赖，随着电子商务渗透率的逐渐提高，国内快递市场呈现出缓慢发展并饱和的趋向。据艾瑞咨询研究院的数据显示，2018 年我国快递业务量达 507.1

亿件，2020 年我国快递业务规模将达到 740.4 亿件，增长率在 18.7%（见表 2-6）。

表 2-6　我国快递业务规模

项目＼年份	2015	2016	2017	2018	2019	2020
快递业务量（亿件）	206.7	312.8	400.6	507.1	623.8	740.4
增长率（%）	48.1	51.3	28.1	26.6	23	18.7

资料来源：艾瑞咨询研究院网站。

另外，随着快餐及生活服务类电子商务的兴起，引发社区服务有关即时物流的迅猛发展，2018 年即时物流行业订单量为 134.4 亿单。据艾瑞咨询研究院的预测，2020 年中国即时物流行业的订单规模将达到 243.7 亿件，增速 31.8%（见表 2-7）。

表 2-7　中国即时物流行业订单规模

项目＼年份	2015	2016	2017	2018	2019	2020
即时物流行业订单量（亿单）	27.7	56.5	92.6	134.4	184.9	243.7
增长率（%）	136.5	103.4	64	45.2	37.5	31.8

资料来源：艾瑞咨询研究院网站。

根据艾瑞咨询研究院“2019 年中小企业在电子商务平台采购因素满意度调查”数据，物流配送的顾客满意度仅排在第四，只有 83.9% 的顾客对物流配送表示满意（见图 2-9），物流配送服务还有很大的提升空间。

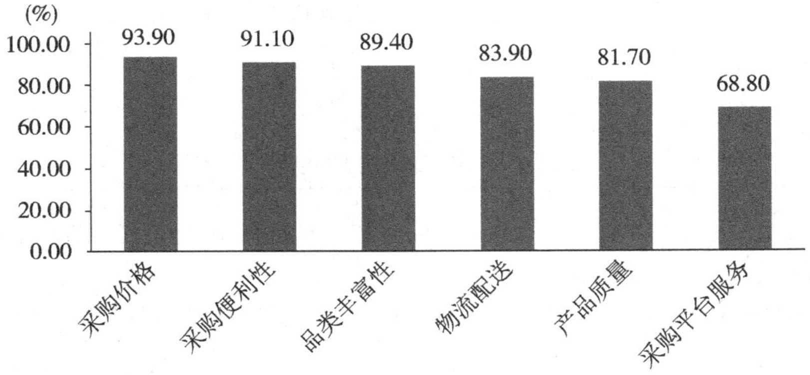

图 2-9　中小企业在电子商务平台采购因素满意度

资料来源：艾瑞咨询研究院网站。

根据艾瑞咨询研究院“2019 年中小型企业类客户在电子商务平台采购关注因素”数据显示，物流配送服务在中小企业电子商务平台采购关注的因素中排第二位。随着电子商务平台竞争的日益激烈，电子商务平台配套服务能力强的企业将会占据更好的竞争优势，物流配送作为衡量影响采购满意度的关键因素也受到越来越多的关注和重视。

（三）电商网购物流服务的现状调研

本书通过问卷调查（见附录）方式对网络购物电子商务物流服务的现状展开调研。为了保证问卷采集对象的随机性和多样性，项目组选择在人口流动性最好的南昌火车西站实地发放问卷。问卷共发放 108 份，回收 108 份，以有无网购经历作为界定有效和无效的标准。其中，无效问卷 1 份、有效问卷 107 份，在 107 份问卷中，填写的男生有 46 人、女生有 61 人（见表 2-8）。

表 2-8　电商网购经历调查

题　项	性　别	人数（人）	占比（%）
有网购经历的人数	男	46	42.99
	女	61	57.01

实地调查数据显示有71.03%的消费者认为物流对网络购物电子商务平台是非常重要的，27.10%的消费者认为物流对网购电子商务平台企业比较重要（见表2-9），这也符合当前电子商务平台企业对物流服务业务越来越注重的趋势。

表2-9 物流服务对电子商务平台的重要性

题　项	人数（人）	占比（%）	
物流对电子商务平台的重要性	非常重要	76	71.03
	比较重要	29	27.10
	不确定	2	1.87
	合计	107	100.0

调研还主要关注了电子商务物流服务质量满意度调查，根据受访群体的数据统计，80.4%的消费者对当前电子商务物流服务持一般满意评价，不满意的占2.8%（见表2-10），这说明中国电子商务物流服务质量还有很大的提升空间。

表2-10 电子商务物流服务满意度调查

题　项	人数（人）	占比（%）	
电子商务物流服务满意度情况	不满意	3	2.8
	一般满意	86	80.4
	满意	18	16.8
	合计	107	100.0

在物流服务评价最高赋值为5分的情况下，实际调研结果显示消费者对物流服务满意程度的评分普遍在3.4~3.79之间（见表2-11），说

明电商网购物流服务还有待提升。在物流服务的各项指标细分项中，物流包装的美观性评价为 3.4 分，物流配送人员的服务态度评价为 3.5 分、物流信息的及时更新评价为 3.5 分，这三项得分偏低，更需要进一步加强。

表 2-11　物流服务满意程度

题　项	配送服务的及时性	货物的完好程度	包装的美观性	客服服务态度	配送人员的服务态度	物流信息的及时更新
人数	107	107	107	107	107	107
均值	3. 62	3. 79	3. 40	3. 77	3. 50	3. 50

通过调研结果可知，65. 42%的人认为通过物流信息及时更新来提高物流服务质量，54. 21%的人认为通过及时通知取件提高物流服务质量，62. 62%和 52. 34%的人认为通过快递点妥善保管快件和取件点距离小区最近来提高物流服务质量（见表 2-12）。

表 2-12　提高物流服务质量的维度

题项（多选）		人数（人）	单项指标人数占比（%）
可以从哪些方面来提高物流服务质量	物流信息及时更新	70	65. 42
	及时通知取件	58	54. 21
	快递点妥善保管快件	67	62. 62
	保护取件人的信息安全	38	35. 51
	取件点距离小区最近	56	52. 34
	鼓励客户投诉	23	21. 50

通过调研结果可知，75. 70%的消费者认为在电子商务物流配送中货物送达的完整性很重要；其次，送达时间和服务态度也比较重要，分别占了 64. 49%和 60. 75%（见表 2-13）。

表 2-13 物流活动中重要性因素状况

题项（多选）		人数（人）	单项指标的人数占比（%）
你认为哪些因素在物流活动中很重要	服务态度	65	60.75
	送达时间	69	64.49
	货物送达的完整性	81	75.70
	配送信息的及时更新	30	28.04
	拿到货物所需的成本	39	36.45

电子商务企业的快速成长离不开快递物流服务业的大力支持，而快递物流企业的飞速发展也主要依赖电子商务的深入推广，可以看出两种产业形态是联动发展、相得益彰的。但是，电子商务与快递物流这两种形态的产业在共同前进发展过程中也存在着一些不协调现象。一方面，电子商务企业在纷纷构建自己的物流体系，比如，京东商城建立了自己的配送中心，并且承诺比专业快递物流的送达时间要短，这给快递企业造成了极大的竞争压力；阿里集团制定了自建物流规划，也试图通过自营物流来解决电商业务中的物流不畅问题。另一方面，快递企业由于油价、人工费等上涨原因不得不涨价，引发电子商务企业的不满意，更有甚者，目前存在部分网上卖家会在消费者支付的全额快递费中抽取一部分作为自身利润源泉，只支付部分快递费给其委托的快递物流企业。随着我国网络零售交易额的逐年增加，我国电子商务物流交易规模也呈逐年增加趋势，但整体来看，我国物流的发展水平和发展速度要滞后电子商务的发展水平和速度。大型平台型电子商务企业采取自建及外包物流混合模式的偏多，中小型平台型电子商务企业多为外包给第三方物流企业的模式，不论哪种模式，物流服务质量及生态圈的构建都显得尤为重要，这将会关系到平台型电子商务企业的持续、健康发展。

六、平台型电子商务企业物流生态圈的相关内容

（一）平台型电子商务企业物流生态圈的概念

大型的平台型电子商务企业为了创造可持续的竞争优势，会依托自身优势构建网状组织替代独立的企业组织，以构建自身的商业生态圈，而物流系统的有效性和效率是电子商务企业商业生态圈的关键成功因素（Ramanathan，2010）。随着电子商务的崛起及物流订单量不断增长，物流企业的竞争环境也在不断变化，企业竞争中的复杂性和模糊性大大增强。动态的竞争环境给物流企业带来了挑战，也带来了机遇，物流企业不再盲目追求竞争优势（肖红军，2015），竞合型的互动关系已经成为普遍选择。因此，网络状的平台型电子商务企业物流生态圈组织也逐渐发展并成为主流。

平台型电子商务企业物流生态圈可以被看作是电子商务生态圈系统的子系统之一，是共享价值的竞合观、互联网技术与物流行业碰撞的产物，是由物流需求方（商户、消费者）、物流供应方（物流企业、快递企业）、物流政策服务方（政府、行业协会）、物流信息技术服务方（平台或者专业中介）、物流金融服务方（银行、其他金融机构）等组成的整体。平台型电子商务企业物流生态圈存在着以互联网技术为基础构建的信息交流平台，生态圈系统内的互动都通过平台进行，包括资源交换、价值分配和信息传递。

（二）平台型电子商务企业物流生态圈的特点

生态圈系统中价值共创过程涉及来自不同实体或参与主体的资源与努力，因此可以通过更低成本、更快流程和更高水平服务的组合来实现更高的价值。在传统商业模式下，组织是唯一的价值创造者，而在平台型电子商务企业物流生态圈中，价值是通过组织、客户和合作伙伴（甚至竞争对手）的共同努力实现的。平台型电子商务企业物流生态圈的主要特征是平台、共生和协同演化。“平台”指生态圈系统内的种群是可以用来提高组织绩效、创造价值和协作的工具，是各个种群服务的

集合。“共生”指生态圈系统内种群的业务流程、技术、信息甚至资源间的相互依赖（Effah，2017），这种依赖导致种群间产生协同作用，共同创造更大的价值。共生和依赖使种群可以扩大优势、避免劣势，这是生态圈系统创造更大价值的充分条件。“协同演化”指生态圈系统与内部种群从一个阶段共同完成向另一个阶段的演化（Senyo，2018），协同演化是将生态圈系统与其他组织网络区分开来的主要特征。随着生态圈系统环境的变化，机遇和威胁出现，生态圈系统会为应对这种变化而改变，会领导种群动态地做出反应以进行调整，而种群间的共生依赖作用会促使其他种群为适应变化而共同改变。

作为以物流服务为基础的商业生态圈系统，平台型电子商务企业物流生态圈与传统企业及供应链网络的主导逻辑不同。平台型电子商务企业物流生态圈的构成逻辑是以服务为主导，建立以物流服务为中心的基本架构，为了增加系统的适应性、持久性和功能性而逐渐增加专用性服务。相异的主导逻辑带来的是平台型电子商务企业物流生态圈与传统企业供应链网络各方面的差异（见表 2-14）。

表 2-14　平台型电子商务企业物流生态圈与传统供应链对比

	传统企业供应链网络	生态圈系统
活动内容	生产—消费活动	满足需求的所有服务
控制力	核心企业的控制	平台支配
信　息	单线传递，不对称信息	信息共享，对称信息流
价值创造	企业在供应链中的投入	价值共创
价值分配	局部化硬性分配	生态圈系统自动分配机制
企业价值	生产、分配	提供产品及配套服务
顾客价值	消费、享用	资源整合投入
发　展	核心企业驱动	自组织协同演化

在商业生态圈系统中，企业的组织边界由清晰向模糊转变，取而代之的是因功能边界而带来的种群分化，功能相似的个体聚集组成一个个

功能模块，从而产出顾客所需的服务。电子商务平台与物流平台作为生态圈系统的组织核心，不仅是生态圈系统的领导者，同时也是生态圈系统的创造者，生态圈系统中大部分种群均依附于平台上。所有参与者的行动开始转变，商品主导逻辑下的围绕核心企业的供应链合作目标不再适用，服务主导逻辑下的围绕共同需求的目标成为所有企业一致的行动核心。种群通过群体选择，以生态圈系统的价值主张为共同目标进行协同演化。

在这个生态圈中，各方遵循约定的合同或者契约，参与合作的各方企业都可以通过一定的资源共用、信息共享、共同技术开发及推广等方式，将产品的研发、制造、推广和售后服务等环节联动起来，以实现更高的价值创造，为更多的生态圈参与者实现更大的发展。

第三章　平台型电子商务企业物流生态圈的类型与结构

一、平台型电子商务企业物流生态圈种群分类

商业生态圈系统和自然界生态圈系统类似，同样有着种群的概念，一般将规模、功能相似的企业看作同一种群。一个生态圈系统中一般存在着许多个相互影响、制约的种群，种群是生物的存在单位、繁殖单位和进化单位。不同的种群在生态圈系统中承担的功能不同，其所属地位也不同。物流企业种群与生物种群存在着相似的特点。一方面，二者都生存于特定的环境中，包括种群本身难以影响的生态圈系统外部的环境和受种群活动和分工影响的生态圈系统内部环境；另一方面，商业生态圈的种群也是从低级到高级的螺旋上升演化过程。

本书结合不同企业在生态圈系统中所处的地位和所提供功能的差异，将平台型电子商务企业物流生态圈内的种群分为以下五类。

（一）领导种群：平台型电子商务物流生态圈中的“平台”

平台型电子商务企业本质是一个开放性的平台，是平台型电子商务企业物流生态圈的组成核心。在平台型电子商务企业物流生态圈中，平台本身有着特殊的性质。一方面，平台是各个种群所依附的生态环境，在一定程度上具有环境的性质，是生态圈系统资源整合集约的基础；另一方面，无论是电子商务平台还是物流平台，其本质依旧是企业，也扮演着种群的角色。在这个生态圈系统中，“平台”本身是最大、最特殊的种群，是整个生态圈系统的统治者。

领导种群作为生态圈系统的组织者与建设者，整合了生态圈系统内所有的公共资源，协调着资源与利益的分配。平台上的供应商、消费者

及其他利益相关群体与平台一起构成了复杂的商业生态圈系统。平台具有的正向网络外部性，使平台具有创造价值、放大价值的能力。生态圈系统内的成员在平台上进行价值创造，并由平台的协调整合而进行价值共享，所有成员通过平台进行联结。处于中枢地位的平台也是生态圈系统的“代言人”，代表着生态圈系统的整体形象与品牌价值。

（二）关键种群：流通服务所联结的其他主体，是物流服务的主要需求方

电子商务物流生态圈的关键种群即电子商务流通主体，包括供应商、投资商、渠道商、消费者。关键种群具备“消费者”和“供应商”的双重性，它们既具有消费者的性质，又扮演着供应商的角色。关键种群享受着骨干种群提供的物流服务，同时将有形财产、信息乃至自身作为资源投入生态圈系统中。

（三）骨干种群：电子商务交易流通过程中的主要物流企业，提供关键种群所需的物流服务

物流服务提供方是电子商务物流活动的主要载体，是物流生态圈的骨干企业。物流服务的敏捷性和时效性已成为评估电商物流服务质量的关键指标。物流服务提供方是组成平台型电子商务企业物流网络的骨干节点。物流是网上虚拟交易和现实生活的主要连接，平台型电子商务物流生态圈的主要功能便是满足消费者的流通需求。随着电子商务物流行业的竞争环境日益激烈，原本处于相对孤立状态的物流服务提供商开始寻找知名度高、发展前景好的平台型电子商务企业物流生态圈进行合作，通过加入生态圈系统，与其他同类企业进行高效协作，从而分担风险，获取更高利润。电子商务物流行业的消费者需求日渐高标准化、个性化，单一企业的发展速度很难跟上市场的脚步，只有通过领导种群整合生态圈系统成员的集体力量，才能够更好满足消费者的需求。

（四）支持种群：为满足生态圈系统种群需求被吸纳进入生态圈系统中的配套服务企业

电子商务生态圈系统中交易的实现需要依靠一系列支持性的组织的

支撑，包括金融机构、人员培训机构、软件开发商、网络服务商等。支持种群并不完全依赖于平台型电子商务物流生态圈，但可以从参与平台型电子商务物流生态圈进化过程中获得超额收益。

（五）边缘种群：和平台型电商企业合作性比较弱的企业

这些企业对整个生态圈的反向影响比较小，主要包括社会团体、科研及高校、咨询机构等。

二、平台型电子商务企业物流生态圈的类型及特点

物流是平台型电子商务企业运作过程中重要的一环，平台型电子商务企业将交易活动转移到电子商务平台上，在线上完成信息流和资金流的流转，但是产品的实体流转必须通过物流服务完成。由于平台型电子商务企业的规模、平台性质、主营业务等方面的差异，不同平台型电子商务企业选择的物流服务模式存在差异。本章根据平台型电子商务企业选择的物流模式不同，将平台型电子商务企业物流生态圈分为自建物流生态圈、物流联盟生态圈系统与外包物流生态圈。按照现实中平台型电子商务企业采取的物流仓储及配送的主要模式，将“仓储自营+配送自营”物流模式对应的生态圈称为“自建物流生态圈”，将“仓储自营+配送外包”及“仓储外包+配送自营”模式对应的生态圈称为“物流联盟生态圈”，将“仓储外包+配送外包”物流模式对应的生态圈称为“外包物流生态圈”。

（一）自建物流生态圈

在物流效率已经成为平台型电子商务企业核心竞争力的今天，许多平台型电子商务企业选择建立自有的物流体系，从而规避第三方物流率低、服务质量难以把控、配送安全与质量缺乏监管的问题。平台型电子商务企业产品品类与品质逐渐趋同，价格竞争激烈，自建物流所带来的配送服务水平提升让企业竞争优势明显，因此不少平台型电子商务企业选择自建物流生态圈。

自建物流生态圈是指平台型电子商务企业自己投资建设物流服务体

系，并对电商物流仓储和配送全过程进行管理。自建物流生态圈需要基础设施和设备的投资建设，包括配送中心、运送车队、物流信息系统建设等，是一项投入成本高、建设周期长、见效速度慢、技术要求高的大型项目。当平台型电子商务公司认为第三方物流的服务水平无法满足自身要求，且本身资金实力雄厚，就会倾向于建立自有的物流服务体系。在自建物流生态圈中，平台型电子商务企业是生态圈系统的领导种群，也是生态圈系统的建立者，有着绝对的权威性和领导力。

（二）联盟物流生态圈

第三方物流是电子商务交易参与者选择最多的流通渠道。无论是个人卖家，还是中小型甚至大型的电商企业，为了集中精力到自身主营业务，都倾向于选择更专业的第三方物流服务企业进行合作。庞大的市场需求也吸引了众多第三方物流企业的参与，第三方物流市场的竞争环境越演越烈，中小型物流企业已经很难仅凭自身能力跟上市场变化的速度，面临着较高的挑战，如何与同类企业共同发展，组建优势互补的联盟体成为物流企业面对激烈的市场竞争和长远发展的可靠选择。

联盟物流生态圈是以物流联盟为基本结构的平台型电子商务企业物流生态圈。平台型电子商务企业与物流企业为了获取规模效应、提高资源利用率和学习内化技能，会选择共同组建物流联盟，在联盟组建后进一步投入资源，建立用于资源共享平台与信息传递网络，联盟所有成员以物流服务为合作基础，以相对稳定的契约关系为信任基础，通过资源交换逐渐达成战略协同，从而形成互利共生的生态圈系统。

（三）外包物流生态圈

外包物流生态圈是较为传统的平台型电子商务物流生态圈模式，是社会分工和专业化的产物。平台型电子商务企业衡量了企业内部组织成本和物流交易成本后，选择较为节约成本的物流外包模式，放弃成本高昂的自建物流模式，从而形成外包物流生态圈。

对部分处于发展中的平台型电子商务企业而言，信息技术、电子商务平台的运营是公司的核心，物流只是电子商务交易中的支持性环节，不具有核心地位。因此，对于这部分平台型电子商务企业而言，花费过多的资源发展自建物流或组建物流联盟并不可取，选择将物流业务外包给值得信赖的物流服务提供商是节省成本的首选。

（四）不同类型平台型电子商务企业物流生态圈的特点

平台型电子商务企业物流生态圈的特点与物流产业的发展规律有关，主要体现在以下几个方面：

（1）伴生性。物流生态圈是为满足平台型电子商务企业中的交易主体的物流需求而存在的，服务是生态圈系统的核心功能。因此，平台型电子商务企业物流生态圈是以电子商务产业为依托而存在的，不会单独存在，属于伴生系统。平台型电子商务企业物流生态圈是电子商务交易过程中商品流通的主要环节，其价值也体现在服务于电子商务交易而产生的价值。这种伴生性体现了领导种群给予生态圈系统的极大影响力，只有平台型电子商务企业存在，伴生的物流生态圈才会一直存续。

（2）动态性。平台型电子商务物流生态圈同样具有商业生态圈系统的演化规律，是一个动态的演化过程。在不同的演化阶段，体现出不同的结构，内部的互动关系也会动态变化。

（3）开放性。平台型电子商务企业物流生态圈的发展过程离不开外部环境的作用。物流生态圈所面对的外部环境主要是指复杂多变的宏观环境，如社会、政治和经济环境等。平台型电商企业物流生态圈作为一个开放的系统，系统成员与外部环境通过不断发生资源交换而相互影响。外部环境中的资源、企业不断被生态圈系统吸收，转化为外部环境所需的物流服务输出到环境中。

不同类型的生态圈结构也有着不同的特点（见表 3-1）。

表 3-1 不同类型生态圈的结构特点

类 型	平台型电子商务企业的地位	系统内互动关系	结构特点
自建物流生态圈	生态圈系统的建设者，唯一领导种群，在生态圈系统中有着对其他种群的绝对控制权	在领导种群管理下的单纯性协同关系	以领导种群为主的命令型结构

续表

类　型	平台型电子商务企业的地位	系统内互动关系	结构特点
联盟物流生态圈	生态圈系统的组织者，是生态圈系统其他种群认同的领导种群，在生态圈系统中拥有最高的声誉	在领导种群的引导下趋向协同	以盟主企业为核心的“星系型”结构
外包物流生态圈	生态圈系统的参与者，是生态圈系统领导种群之一，在生态圈系统中负责整合物流需求、提供资源	为了获取物流资源而协同竞争	产品供应链与物流服务供应链并行的双线并行结构

三、不同类型的平台型电子商务企业物流生态圈结构

（一）平台型电子商务企业为操作核心体的自建物流生态圈

1. 自建物流生态圈的结构

平台型电商企业为了满足自身物流需求，通过资源整合利用，实施纵深发展战略，会对物流运作流程中的仓储、配送和信息传递等主要操作环节进行掌控，同时在部分配套功能方面引入社会企业或者注资部分中小企业，形成了具有纵向关系的物流服务生态圈系统（见图3-1）。

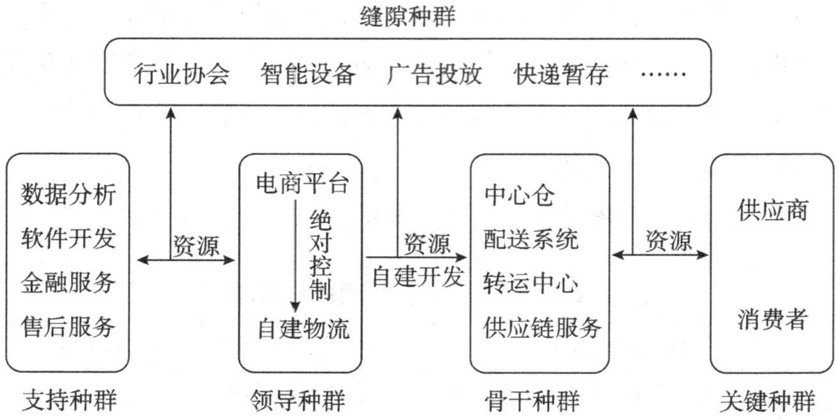

图3-1　自建物流生态圈的结构

在自建物流生态圈中，平台本身是唯一领导种群，整个物流生态圈作为平台型电子商务生态圈系统的共生种群，以满足电子商务平台的物流需求，平台型电子商务企业拥有对物流服务体系的彻底控制权。在这样一个半开放式的生态圈系统中，其骨干种群和支持种群都由领导种群彻底控制，所有生态圈系统中的能量流动是有规律的，只有极少部分能量散逸到外部，供缝隙种群生存。

自建物流生态圈系统可以看作一个庞大、复杂的物流项目，领导种群作为项目的发起者和建设者，会根据物流需求设定生态圈系统目标，并将目标逐级分解，培养和匹配每一级别需求的种群。其他种群都会被分配到明确的子目标，并从上至下地响应领导种群的安排，种群间不存在激烈的竞争关系。这种结构有利于物流目标的一贯制完成，各个种群协同度非常高，生态圈系统内的信息共享程度高、响应速度快，各个种群可以实现流程的快速对接。

自建物流生态圈系统需要领导种群有着强大的经济实力，才能满足生态圈系统建立初期高昂的资金成本与时间成本。这类生态圈系统一旦建立完成，也会给领导种群带来与建立成本匹配的高水平服务。

2. 自建物流生态圈的范例

平台型电子商务企业自建物流生态圈的范例有很多，比如京东集团。为了更好地服务顾客，保障物流服务质量，京东集团自己建立了物流运营体系，也因此获得了消费者的信赖与口碑。京东物流生态圈实际上是京东集团在电子商务与物流服务方面实施的纵向一体化战略。由于所需要的高水平物流服务在市场中难以获取，京东产生了纵向一体化的动机，并打造了其独有的物流体系。京东物流生态圈的主要骨干结构（仓储体系、数据分析中心、配送系统）都由京东集团一手打造，有着绝对的控制权，这使生态圈系统对京东商城提供的物流服务可以最大限度满足其要求。仓储体系、配送系统、管理系统等功能模块提供了生态圈系统主要的物流功能，构成了物流生态圈的骨干种群，而京东集团所掌握的其他功能都为整个生态圈系统的稳定运行提供支持。参与到生态圈系统活动中的广告商、设备生产商、便利店等都属于生态圈系统的附庸，从主要种群的活动缝隙中获取利益。

（二）平台型电子商务企业为资源整合体的联盟物流生态圈

1. 联盟物流生态圈的结构

以物流联盟为核心所形成的平台型电子商务企业物流生态圈是一个“星系型”结构。在这个系统中，盟主企业（一般是平台型电子商务企业、平台型物流企业）是这个生态圈系统中的领导种群，位于“星系”中恒星的位置。盟主企业建立了联盟的构成基础、准入机制，确定了生态圈系统的组成、运作方式和工作目标。物流服务商作为骨干种群，像行星一样分布在星系的外围，构成了生态圈系统的基础结构。其他的支持种群、缝隙种群则像卫星一样分布在各个企业的周围（见图 3-2）。

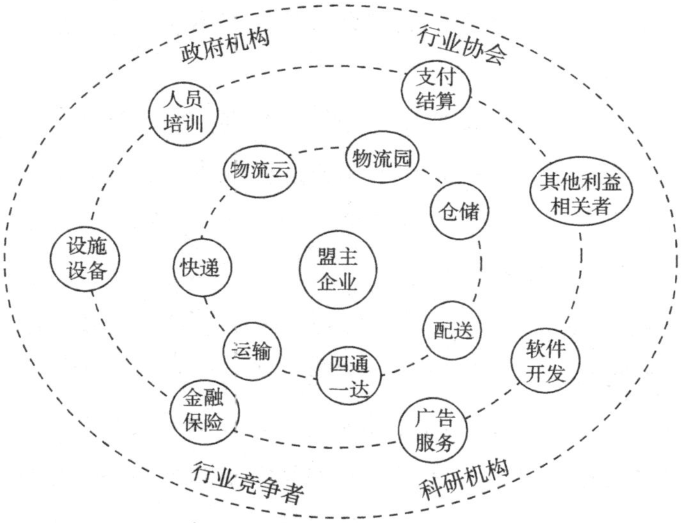

图 3-2　联盟物流生态圈的结构

在物流联盟型生态圈系统中，资源从消费者直接传递至领导种群，由领导种群进行分配，生态圈系统中各个种群内部企业个体的组织边界变得模糊，而种群间的功能边界愈发清晰。这种资源传递的过程也正是种群集聚的过程。领导种群通过提供公用平台、整合信息资源吸引骨干种群，在形成了基础的生态圈系统结构后，生态圈系统活动所逸散的能量会吸引其他的种群，从而形成完整的生态圈系统。

在物流联盟型的生态圈系统结构中，领导种群主要担负信息流转、资源分配的管理型职责。在这种结构中，除领导种群外的种群分布在不同的地域，负责不同的功能，有着较强的个体独立性。领导种群通过对生态圈系统目标的分解向其他种群发出指令，其他种群作为合作伙伴，接受领导种群的指令，发挥各自的功能优势，完成生态圈系统的整体目标，并在这个过程中获得发展所需的资源。显然，物流联盟型生态圈系统的稳定运转极大地依赖各个种群的整体优势和信息协同，这些优势的获取则需要领导种群能够制订满足生态圈系统需要的种群准入机制，对合作伙伴进行筛选，同时建立足够完善的信息共享体系，这种模式对领导种群的管理水平有着很高的要求，也要求领导种群有着足够敏锐的市场洞察力。物流联盟型生态圈系统的结构适用于实力强大的平台型电子商务企业，它们拥有较大而稳定的市场份额，可以快速获取市场最新信息，从而维持生态圈系统的稳定。

2. 联盟物流生态圈的范例

菜鸟物流是典型的物流联盟生态圈模式的范例。在菜鸟物流通过信息化和大数据建立的物流联盟中，包括仓配网络、跨境物流、快递平台、物流云、乡村物流、菜鸟驿站、物流园区、供应链金融等功能模块。菜鸟物流是由阿里巴巴与多家物流企业共同组建的公司，是由平台型电子商务企业与主要的物流服务提供商共同推选出的盟主企业，其成立背景保障了作为领导种群必需的权威性和话语权。阿里巴巴电子商务平台上庞大的交易量，也让生态圈系统对其他企业而言有着极大的吸引力。大型物流企业的介入，为领导种群提供了专业化的物流运作经验、高效的基础物流服务网络和长远的物流专业视角。菜鸟物流的合作伙伴们组成了生态圈系统的骨干种群，它们为生态圈系统带来了功能优势。生态圈系统所需的仓储、运输、配送、信息系统等业务都由相关类型的企业负责。其他非战略物流企业构成的基层团队是生态圈系统中的支持种群，它们的存在完善了生态圈系统的物流能力，使生态圈系统能够真正满足客户的需求。

（三）平台型电子商务企业为中间组织的外包物流生态圈

1. 外包物流生态圈的结构

市场资源配置的方式有直接交易和中介交易两种，在实际交易过程中，市场主体倾向于交易成本最低的交易方式。中介交易是供需双方通过中间层组织的衔接，在特定时间和空间内集中交易。中间方的介入，能够集中交易双方，降低由于分散交易带来的信息搜寻和议价成本，并且能有效降低信息不对称带来的逆向风险，通过与企业外部组织的合作可以形成一个更大的联合体，双方合作需要更加有效的交换机制，从而降低交易成本并创造更大的收益。

在外包物流生态圈中，平台型电子商务企业不再是唯一的领导种群，而是与物流信息平台共同构成了领导种群。平台上关键种群的物流需求通过中间层传递给骨干种群在线下进行连接。支持种群作为生态圈系统的功能延伸，以模块化的方式与领导种群连接（见图 3-3）。

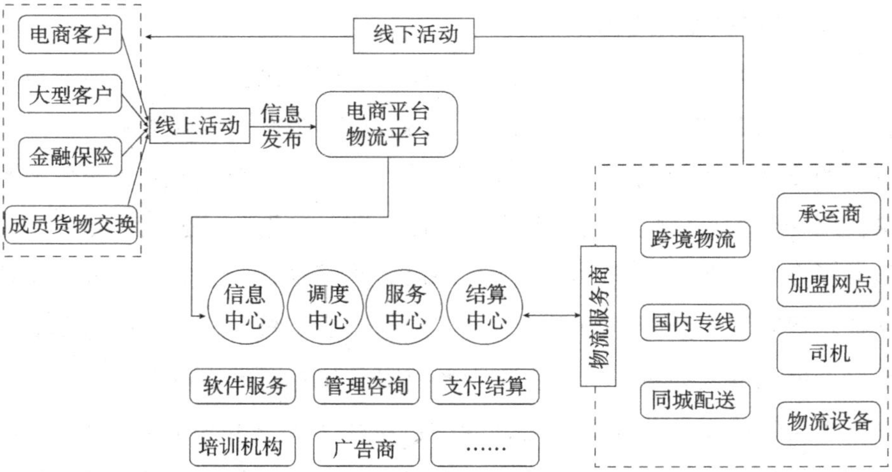

图 3-3　外包物流生态圈的结构

物流信息平台在平台型电子商务企业外包物流生态圈中发挥了重要作用，这种模式可以为参与其中的骨干种群提供三大竞争优势。①更低的物流服务交易成本。目前物流服务市场鱼龙混杂，供需双方均难以快速、及时地获得全部信息，因此难以较快地进行决策，交易成本高、效率低。物流交易平台的核心功能是汇集供需双方的信息，有效地降低信息搜寻成本。同时，通过建立准入机制、信用体系，对平台的合作方制订科学、规范的制度，以降低合约执行的成本。②物流要素匹配度更好。在信息足够充分的物流交易平台中，市场上的交易主体可以快速地进行货物交换，交易平台也能够以第三方的身份整合零散的物流要素，从而有效地将原来割裂的需求和物流服务能力匹配起来，提高物流要素的时空匹配效率。③更优质的物流服务品质。随着电商平台的不断深化应用，对配套物流服务的要求不断提高，将物流业务剥离外包给更加专业的物流服务提供商，可以大大提高电子商务平台上的物流服务水平，提高用户体验，带来正向网络外部效应。

2. 外包物流生态圈的范例

小米商城的物流生态圈就属于外包物流生态圈。在小米与顺丰的合作中，顺丰速运正式入股小米，顺丰也成为小米商城指定物流服务商。顺丰通过接入小米商城的销售、仓储系统，可以实时获取出仓订单，做到实时提货。同时，顺丰为小米商城建立了覆盖全国的提货网点、售后网点及返修渠道。小米商城的米家生态圈系统目前已经接入了创米、万魔声学、青岛亿联客等十余家制造企业，其商品覆盖数码、家电、家居用品、服饰、美妆等数十个种类，从原材料采购、仓储、运输到配送、退货，大部分物流服务都由顺丰集成的物流服务供应链提供。与合作伙伴小米的“硬件+平台+APP”一站式智能家居生态圈系统类似，顺丰以自身强大的物流服务能力为核心，构建了“大数据+物流+供应链金融+物流信息系统”的一站式物流生态圈。在以小米商城与顺丰集成的物流供应链联合体为核心的生态圈中，顺丰是物流的集成服务商，处于领导种群的地位。顺丰既对接生产商、电子商务平台、消费者，也管理物流服务提供商及自身的物流服务部门。顺丰通过调动专业的物流设备、设置物流专线、接入物流系统和提供增值服务，提供了从生产到销售再到维修和退货的全方位物流服务。

第四章　平台型电子商务企业物流生态圈协同演化机理

一、平台型电子商务企业物流生态圈协同演化的诱因

（一）平台型电子商务企业物流生态圈演化的资源获取需求

类似于自然生态圈系统，平台型电子商务企业物流生态圈的发展及圈内种群的成长都需要大量的能量，圈内种群企业对于资源的强烈渴求就是其能量需求的具体体现。在商业生态圈系统中能量更多的指种群内企业所需的资源及所能获取的资源。基于自身生存的需求，平台型电子商务企业物流生态圈内的种群会选择协同演化从而获取到必需的资源。

当前，电子商务物流相关企业以其迅猛的发展速度、无与伦比的活力、灵活的运营模式和独特的创新行为成为我国最有代表性、最具发展潜力的经济主体之一。然而，我国信息技术、物流水平的发展，在资金、技术、人才等方面都面临着一定的制约。资源的缺乏和障碍是大量中小型电子商务物流企业失败的原因。对于平台型电子商务企业物流生态圈系统内由许多中小企业组成的种群而言，如何获取足够能量，突破资源障碍，是它们发展成长最需要解决的问题。从企业成长理论的角度看，企业是各类资源的集合，通过组织的管理，将各类现有资源、要素整合，推动企业的发展。企业所需的资源包括七大类，分别是财务资源、物化资源、技术资源、创新资源、商业信誉资源、人力资源和组织资源（Grant，1995）。

对于大型企业而言，以上大部分资源的获取往往依靠自身强大的资源获取能力。广泛分布于平台型电子商务企业物流生态圈系统中的中小企业缺乏足够的实力，自身所能获取的资源十分有限，为了获取竞争优

势，会与生态圈系统内的其他企业建立供需关系，依附于平台构建起复杂的资源交换网络。在这种复杂、紧密的生态圈系统环境中，种群与种群之间相互作用、相互影响，通过信息、资源共享和能量交换，达到规模经济效应，从而获得竞争优势。在平台型电子商务企业物流生态圈系统中，很难将所有企业从同一维度进行划分，尤其是许多企业还横跨着多个营养级。在现实的物流生态圈系统中，企业并非严格地存在每一个层级中，许多企业同时具备多个层级的属性，与多个企业同时存在供需关系。类似食物链的能量传递链条，庞杂交错，形成复杂的网状结构，也就是平台型电子商务企业物流生态圈系统内部的能量交换网络。能量交换网络构成了生态圈系统的基本运作形态。一条链上存在着多家企业，同时一家企业也可能同时存在于多个链条之上。对于非核心种群来说，平台会引导它们去选择合作伙伴，寻找到合适的能量获取途径。同时，生态圈系统的能量交换网络也引导种群将其内部资源一定程度地释放到生态圈系统中进行共享，从而扩大所有种群可利用的资源范围，降低资源获取成本，提高资源利用率。

（二）平台型电子商务企业物流生态圈演化的能力提升需求

自然生态圈系统的演化就是食物链层级增多、食物网络逐渐复杂化的过程。平台型电子商务企业物流生态圈系统的演化过程也与生态圈系统内企业的能力提升需求有着密切的联系。

（1）随着入驻平台的企业数量、类型不断增长，企业的服务水平、能力不断提升，生态圈系统也不断演化。例如，在菜鸟网络创建初期，参与其中的企业主要是以阿里巴巴、银泰、顺丰、三通一达等企业及其子公司。随着参与其中的企业不断增长，目前菜鸟网络及其合作企业所形成的生态圈系统的服务范围已经达到了全球 224 个国家和地区，覆盖国内县区级数量超过 2700 个。服务的深度也从建立之初较为简单的仓储、配送等物流服务，发展到了目前仓配网络构建、快递平台、国际物流网络、物流云解决方案等 10 余类专业服务。

（2）平台上入驻企业间的供需关系通过平台的管理，能够相互匹配，获得更好的能力，形成能量传递网络。正因为生态圈组织的存在，企业间的竞争与合作关系也更加紧密，营养级的层级不断增加，网络更加复杂。但是随着企业和生态圈系统的不断演化，这种网状结构也会出现解体重构的现象。例如，一个新建立的物流平台，由于资金、技术和设备的缺乏，并没有吸引到足够多的仓储企业合作，仓储资源有限，平台不得已自建了部分仓库，许多企业选择租赁使用社会化仓储资源。随着平台的不断进步，仓储类企业不断加入，原有的自建仓储可以选择停止运营，将资源投入其他方面去。

（3）生态圈系统整体的效率、服务水平及所创造的价值、盈利水平和经济效益都会随着能量网络的不断完善、不断更新而提高。对于平台型电子商务企业物流生态圈系统内的大部分企业而言，当它们与发达的能量交换网络连接起来后，其所具备的资源获取能力和竞争能力将不再是其自身单个企业的能力，而是比所有单个企业叠加起来还要庞大的全新的生态圈系统竞争力，这种力量所带来的竞争优势是前所未有的。企业形成种群，种群构成生态圈系统，种内和种间建立起紧密的联系，从而为每一个参与其中的企业带来了极大的网络外部性效益，将原本难以利用的、闲置的资源要素迅速组织起来，以更低的交易成本、更优的管理机制分配到各个企业，优化生态圈系统整体的资源结构和利用效率，企业所能获取的资源范围也随着生态圈系统边界的扩大而扩大，资源的积累速度突飞猛进，企业也能轻松打破资源瓶颈的成长障碍。

二、平台型电子商务企业物流生态圈系统的演化阶段

平台型电子商务企业物流生态圈系统受到外部环境和内部种群等因素的影响，与自然生态圈系统相似，按照一定的周期性和阶段性逐步演化。生态圈系统内各个种群间的供需关系影响着企业间的竞争和合作关系，进而影响生态圈系统的演化。生态圈系统的演化过程主要分为集聚、发展、成熟、进化/衰退四个阶段。

（1）集聚阶段。生态圈系统的领导种群通过识别、评估电子商务

物流市场环境、寻找高价值机遇，在适当的时机组建平台型电子商务企业物流生态圈系统。此时生态圈系统本身的功能不够齐全，平台的话语权和权威容易被外部环境和内部企业影响，参与到生态圈系统中的企业数量和类型较少，企业间的供需联系和能量传递较弱。

（2）发展阶段。领导种群负责选择生态圈系统模式、构建生态圈系统的结构框架、识别和引入具有核心能力的合作伙伴作为骨干种群、构建物流信息共享网络、设计合作契约和准入机制等。平台不断发展，生态圈系统不断壮大，参与到其中的企业数量增多，尤其是骨干种群规模的扩大让生态圈系统的功能趋于完整，能够满足消费者的物流需求。种群间的联系逐渐加强，信息、资源在种群间共享，处于发展阶段的生态圈系统内部产生了规模经济效应，能量传递的网络也初步形成。

（3）成熟阶段。当生态圈系统演化至成熟阶段时，领导种群的主要任务包括资源与利益分配、物流任务协调、种群协同运作监督、生态圈系统整体管理、及时解决实际运作中的问题、协调种群间过度的竞争与冲突等。骨干种群、支持种群间除了使用契约机制达到相互信任，还会通过能量交换所构建的能量网络互相制约，种群为了能够稳定自身在营养级和能量网络中的位置，需要约束自身对利益的追求，获得网络上的伙伴种群的相互信任，从而获得生态圈系统所带来的价值。在这一阶段，生态圈系统内的平台、种群和企业间已经形成了成熟的、稳定的供需关系，生态圈系统内信息、资源的共享程度达到顶峰，规模经济效应也达到顶峰，生态圈系统的各项功能已经完备。

（4）进化/衰退阶段。一般是由于平台外部环境（可能是市场需求、技术进步、政策变化）的剧烈变化，导致生态圈系统需要随之改变。此时原来的物流市场机遇已经基本实现（或不再具有较高价值），领导种群需要识别新的物流项目、评价种群绩效、清算和分配利益并准备构建新的生态圈系统结构。生态圈系统需要引入新的种群，形成新的功能边界，迫使种群间的联系解体重组，完成生态圈系统的进化。不过，也存在部分生态圈系统的能力、功能和价值创造能力难以跟上不断变化的环境，逐渐衰退的情况。

在平台型电子商务企业物流生态圈系统的聚集萌芽阶段，各个种群和企业的生态位与竞争能力及其原有的属性相差无几，但随着生态圈系统的不断演化，种群间的资源交换网络不断紧密，企业的能力也随之进化。

以上所述为平台型电子商务企业物流生态圈演化阶段及特点（见表4-1）。

表 4-1　平台型电子商务企业物流生态圈演化阶段及特点

演化阶段	种群与企业的进化特点
聚集阶段	由于平台的吸引、优惠条件、同行聚集或其他偶然性的因素，具有关联性的企业加入平台中，形成生态圈系统的雏形；企业以“原子式”的状态共存于生态圈系统中，种群初步形成，种群间的联系较少；种群与生态圈系统的联系也仅限于公共资源的获取和利用
发展阶段	随着企业数目和类型的增多，同类型的企业形成了种群，种群内部的优胜劣汰竞争凸显；具有关联性的种群和企业开始频繁进行能量交换，寻找除竞争之外的合作点，形成良性循环。基于不同的功能，占据了能量交换网络中交点位置的种群成为生态圈系统中的关键种群
成熟阶段	生态圈系统规模不断扩大，功能日益完善，系统内部已经趋于稳定；同类企业抱团发展，组成生态圈系统中的基本单位——种群，竞争激烈的发展阶段将部分企业淘汰出去，所有企业各司其职，占据不同营养级，提供不同的功能
进化/衰退阶段	生态圈系统的外部环境发生剧烈变化，原有的体系和功能无法满足竞争需要；老旧的无法跟随进化的种群和进化方向不一致的种群被淘汰，可以提供所需要增加服务功能的种群被吸收进入，在原有生态圈系统的基础上完成跃迁

三、平台型电子商务企业物流生态圈的种群互动关系

平台型电子商务企业物流生态圈具有开放性的特征。在演化过程中与环境不断相互影响。下面以物流生态圈系统与政府环境的互动关系为例，阐述生态圈系统与环境间的互动关系。

我国电子商务平台与物流平台发展迅速，也拥有着全世界最大的电子商务市场，但市场集中度高使我国电子商务市场呈现出寡头垄断的结构（Jooyoung Kwak，2019），作为市场领头羊的平台型企业需要解决如何在政府的监管下建立合法性交易的问题。作为物流生态圈系统中最高层级的监督者、引导者、管理者，政府为平台型电子商务企业物流生态圈的有序运转提供了良好的经济、市场、政策等外部环境，指出了正确的发展方向，提供了必要的政策支持，稳定了市场秩序。目前，政府高度重视电子商务及物流行业的发展，制定了多项相关政策，这些政策极大地影响着平台型电子商务企业物流生态圈系统的主体和环境。

政府作为顶层设计师，其制定各项基本政策，从而指导经济、社会和行业的发展。由各项政策组成的政治环境，影响着物流生态圈系统外部的其他环境。政府与平台型电商企业及物流服务企业之间的关系主要表现在政策影响上。首先，政府出台相关政策，规范行业环境，引导企业发展，为企业提供良好的物流生态圈系统内部和外部的经济环境及市场环境；其次，政府提供税收优惠、资金扶持、技术支持、土地支持等优惠政策，引导社会、企业的发展方向，为电商物流发展提供助推力；再次，政府直接支持平台型电子商务物流行业的技术研究、生态圈系统规划；最后，各级区域政府还会对当地电商物流发展提供一定的扶持。目前政府与平台型电子商务物流企业间的关系，会促进企业能力不断加强，同时吸引了更多社会资金进入物流生态圈系统，企业的数量、类型不断增多，资源利用率不断提高，生态圈系统内的竞争合作等联系也更加紧密。

（一）种间互动关系

在平台型电子商务企业物流生态圈中，领导种群、关键种群、骨干种群、支持种群及缝隙种群五类种群间存在着错综复杂的互动关系。平台型电子商务企业物流生态圈内各个种群为了生存、发展、利益最大化，从其他种群中获取所必需的产品、服务、资金、技术等资源。这里的产品和服务不仅包括可供消费的实体物品，还包括各类服务，如仓储、运输、配送等。各个种群所追求的利益不仅包括经济利益，还包括品牌形象、服务水平、企业竞争力等间接利益。

领导种群是平台型电子商务企业物流生态圈的组成核心，为生态圈的组成、运营和发展提供规划、建设、管理的职能。作为生态圈系统中的“超级种群”，领导种群以组织者、建设者的身份，主导着生态圈系统的模式构建、入驻企业的筛选、功能模块的展开、政策的争取，同时作为一个大型企业，也为生态圈系统中的其他企业提供着相关产品和服务，如物流信息的发布、物流环节的衔接、设备租赁等。领导种群与其他种群的互动关系主要体现为管理者与被管理者的关系。关键种群负责提供物流需求，在一定程度上引导着生态圈系统的整体目标。骨干种群则为满足生态圈系统的需求提供服务。骨干种群作为功能承担者，是生态圈系统中物流等服务的供应主体，也是相关服务及利益的需求主体，骨干种群是生态圈系统中最活跃、最密集的价值创造单元。它们是生态圈系统活动的主要载体，它们与其他主体之间的关系也对生态圈系统的演化起着决定性作用。

平台型电商企业将分散的物流企业聚集在平台之上，形成高度集中的物流服务集群。作为生态圈系统的组织者和发言人，平台会在现有外部环境的基础上，尽量争取更多的利好政策，提供更优质的平台资源，吸引更多企业的入驻，引导企业之间进行信息、服务、技术等资源的共享，提高资源的使用率，为各方带来利益。生态圈系统内的供求关系把各个种群紧密地联系在一起，形成了普遍存在的竞争和合作的关系。在竞争与合作的影响下，种群之间进行资源、信息的交换，在追求自身利益最大化的同时，影响着生态圈系统的能力并推动着生态圈系统的演化。

（二）种内互动关系

在平台型电商企业物流生态圈系统中分布着不同数量的同类型企业。同种类型的企业提供着相似的服务，生态位方面会存在分离、包含、部分重叠和完全重叠等情况（见图 4-1）。生态位相似的企业为了在重叠的生态位中获得更多资源，会采取竞争行为，直到各企业逐渐改变自己的理想生态位，降低生态位的重叠程度，否则，竞争能力差的一方迟早会被取代。

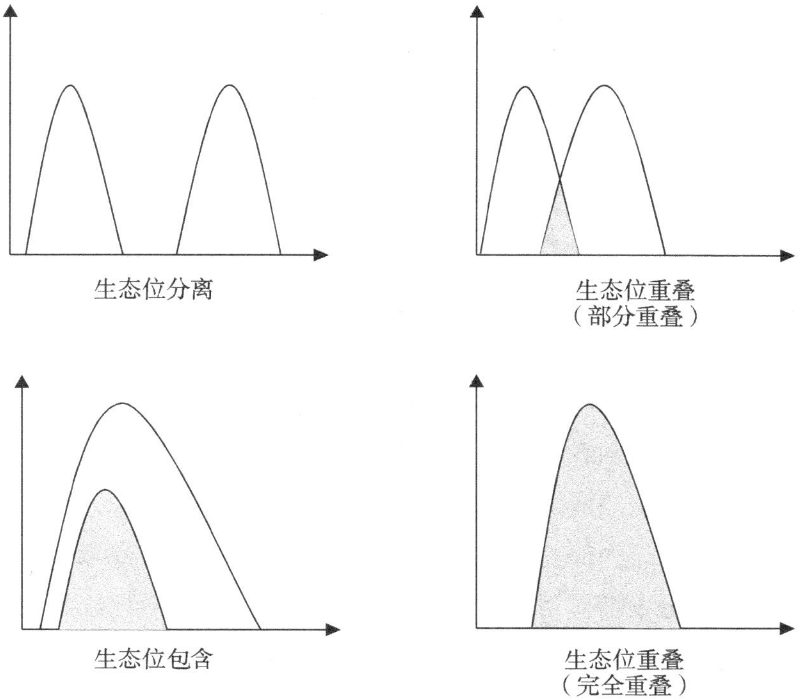

图 4-1　种内企业生态位重叠、分离

在资源充足的领域，即使种群内的企业存在着生态位的部分重叠，也不会引起过于激烈的竞争，而是会倾向于联手开发，通过合作扩大规模，占据更宽的生态位。在资源偏向于紧缺时，生态位的重叠会带来一定的竞争关系。为了避免竞争，生态位会从重叠转变至分离，在这个过程中，企业会致力于服务的改进和创新，尽量将自身的适宜生态位与现实生态位相匹配。这种改进与创新是企业个体的演化，也是生态圈系统整体演化的体现。

四、平台型电子商务企业物流生态圈的演化动力

（一）自演化动力

自组织理论是研究生态系统演化的权威理论。在没有受到特定外界干预的情况下，若系统可以在内部元素自发地按照内部规则合作竞争的过程中，形成在时间上、空间上或者功能上有序的结构，则可以认为该系统是自组织。平台型电子商务物流企业生态圈系统是一个典型的自组织，具备自组织开放性、非平衡性和非线性的特征。平台型电子商务企业物流生态圈的协同演化是生态圈系统自演化的过程。

根据前面提到的生态圈系统的互动关系，企业为了实现利润最大化，会出现“抱团取暖”的协同竞争现象。生态圈系统的最终目标是实现协同统一，满足平台型电子商务企业的物流需求。如果各个种群仅考虑自身的利润、资源、市场占有率等目标，而不考虑与其他种群的协同关系，会出现系统内部失调，不利于生态圈系统的稳定演化。平台型电子商务企业生态圈系统自演化的动力来自生态圈系统内部成员间的协同关系，包括种群间的协同与种群内的协同关系。

当生态圈系统内部达到高度协同时，生态圈系统的资源优势、竞争优势才能够充分发挥作用，促进整体的演化。由于种群间关系的不同，不同类型的生态圈系统协同演化的协同动力也有所区别。

自建物流生态圈内部最大的演化驱动力来自平台型企业的直接管理，根据平台企业的需求自发建立相对稳定的均衡状态。自建物流型生态圈系统属于平台型企业的子系统，组建之初所需的资源全部来自平台型企业，平台型企业对生态圈系统的诉求越大、投入越多、重视程度越高，其演化的驱动力就越强。领导种群对其他种群的绝对控制使生态圈

系统内存在协同关系，整体为了满足平台型电子商务企业的物流需求而创造价值。生态圈系统的演化趋势由平台型企业决定，其他所有附属种群都需要优先服从平台型企业的需求。

联盟物流生态圈演化的内生动力主要是领导种群的吸引力，种群由于联盟企业的知名度而被吸引进入生态圈系统，形成稳定的均衡状态。在物流联盟型生态圈系统中，种群围绕在平台型企业周围形成“星系”结构，位于核心的平台型企业的吸引力是这个结构不会崩溃的最大保障。领导种群一般都有着较高的行业知名度、行业地位和管理水平，也是生态圈系统中规模最大、核心竞争力最强的企业，是生态圈系统中的组织者。领导种群的能力决定了生态圈系统对其他种群的吸引力，也决定了其他种群对生态圈系统内部体系的服从性。在联盟型生态圈系统中，领导种群的实力越强、规模越大、技术优势越大，生态圈系统内部协同的驱动力就越大。

外包物流生态圈的内生动力来自生态圈系统内种群对于资源的需求，相关企业在分工过程中自发形成均衡状态。资源的传递是在种群间平等进行的，使种群在资源需求驱动下自发地寻找合作伙伴，弥补自身的竞争劣势。领导种群在一定程度上对种群进行引导，实现合理、专业化的分工，从而维持生态圈系统的规模和稳定，以确保平台型企业边际利润的最大化。种群为了获得更多资源实现利益最大化而形成的协同竞争关系，是外包物流生态圈协同演化的主要动力。

除了以上三种动力，领导种群的主动筛选作用也是生态圈系统自演化的动力之一。平台型电子商务企业生态圈系统对于各个种群而言极具吸引力。生态圈系统是一个开放性的系统，会从环境中获取资源和成员。在成员调整的过程中，领导种群会对生态圈系统种群起到主动筛选的作用，通过设置准入门槛筛选加入的成员，也会通过激励和约束机制剔除无法满足生态圈系统需要的成员。这种主动筛选的力量会优化生态圈系统结构，促进生态圈系统协同演化。生态圈系统的自演化动力主要来源于内部种群（见图 4-2）。

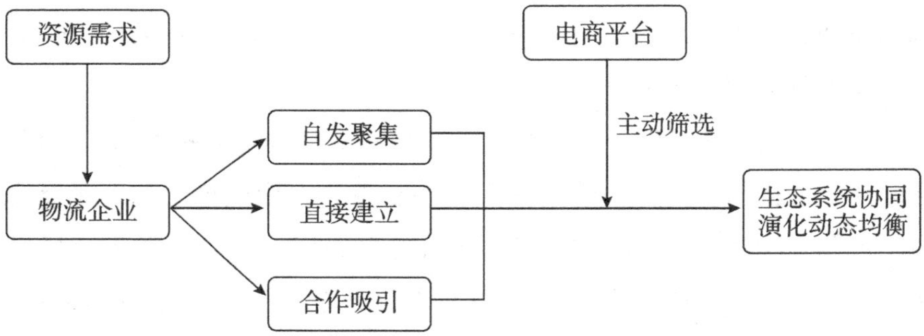

图 4-2　自演化动力

（二）交互演化动力

平台型电子商务企业物流生态圈的交互演化动力来自生态圈系统本身的适应性和开放性。开放性是自组织系统演化能够达到均衡的前提条件。适应性是系统应对外界刺激和影响的生存能力。

开放性决定了生态圈系统无时无刻不在与外界环境处于资源交换的状态中，会受到多方面扰动因素的影响。政策变化、技术创新、其他生态圈系统的竞争等环境状态的变化都会形成扰动因素，促使生态圈系统从有序向失衡状态变化。生态圈系统与外界环境持续的资源交换，会对外部环境产生反作用力，使外部环境与生态圈系统形成循环往复的交互演化体系。

平台型电子商务企业物流生态圈的适应性保障了演化趋向于均衡状态。在自然界中，当扰动因素使生态圈系统出现失衡状态时，生态圈系统会通过遗传变异、自然选择或生存竞争来适应变化，回归均衡。这些策略在平台型电子商务企业物流生态圈中表现为结构调整、成员调整或功能调整的形式，推进生态圈系统演化。

五、平台型电子商务企业物流生态圈的自演化机理

作为一个自组织，平台型电子商务企业物流生态圈的演化过程是系统的涨落运动。当系统涨落运动突破临界点时，系统内的结构、关系等

参数都会出现变化，通过不断调整、演化，达到新的均衡。在突破系统均衡的临界点之前，系统内部的自发调整都会促使系统尽快回到均衡状态，这个回稳的过程也会发生程度轻微的变化，可以视为生态圈系统的渐变过程。当扰动因素影响过大，促使生态圈系统的涨落突破临界点时，生态圈系统内部的稳定状态会出现明显失衡，在领导种群的管理下，生态圈系统会从寻找新的演化趋势，逐渐达成新的均衡，这个过程可以看作生态圈系统演化的突变过程。

对于平台型电子商务企业物流生态圈而言，打破其原有系统均衡的自演化因素主要来自领导种群与关键种群。领导种群掌握着整个生态圈系统的演化方向，当领导种群对生态圈系统的演化方向进行调整时，会引发生态圈系统内部种群间关系的变化，直至达到领导种群的演化目标。关键种群作为平台型电子商务企业物流生态圈内的需求方，对系统目标有着较大的影响力。当新的需求超出了生态圈系统的承载能力，就会促使生态圈系统对功能进行加强，更新内部成员，达到新的稳定状态。

自演化机理针对的是单个平台型电子商务企业物流生态圈在不受到特定外界干涉的情况下，自发完成的演化过程（见图 4-3）。

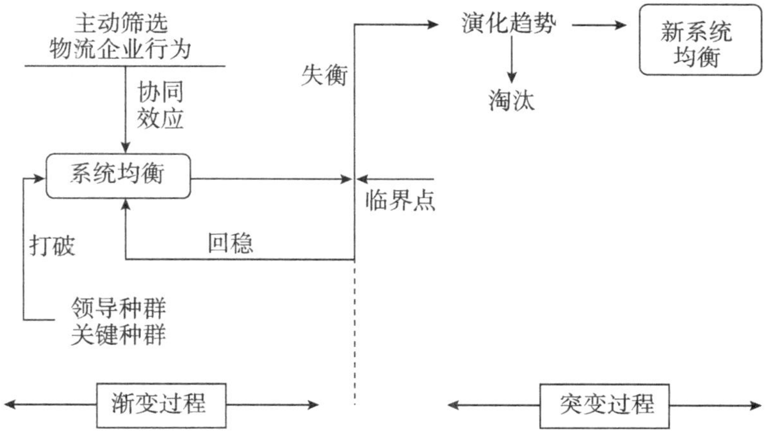

图 4-3　自演化机理

六、平台型电子商务企业物流生态圈的交互演化机理

平台型电子商务企业物流生态圈的交互演化是生态圈系统与外界交互的不断循环。当出现政策变化、技术革新、竞争环境变化等打破平衡的扰动因素时，生态圈系统会尝试通过调整内部结构、更新生态圈系统成员或调整生态圈系统功能等方式达成新的有序均衡。新的生态圈系统在与外界的资源交换过程中提供反作用力，触发新的扰动因素。在生态圈系统适应性带来的往复变迁中，生态圈系统与外界一起完成了交互演化（见图 4-4）。

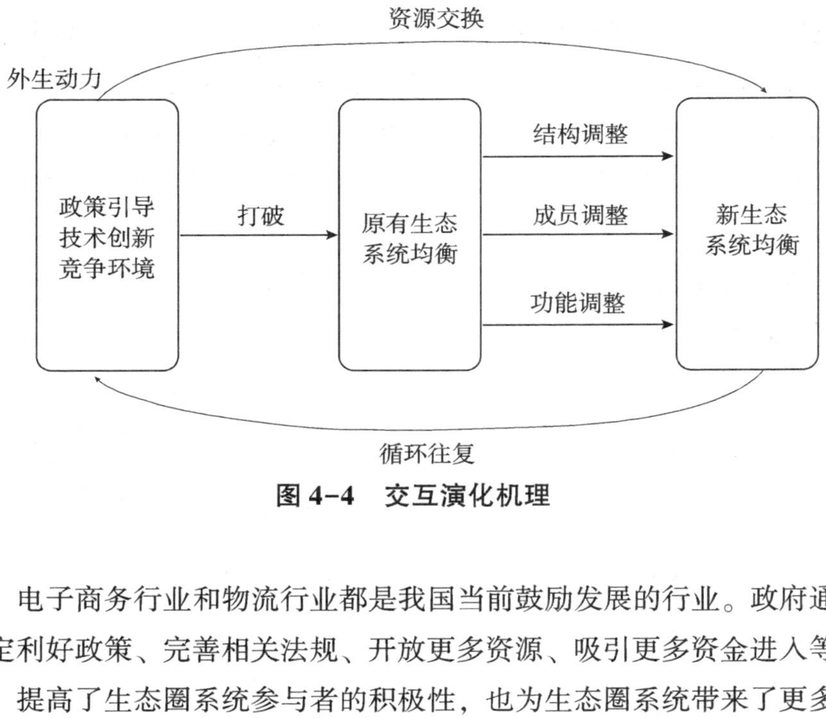

图 4-4　交互演化机理

电子商务行业和物流行业都是我国当前鼓励发展的行业。政府通过制定利好政策、完善相关法规、开放更多资源、吸引更多资金进入等方式，提高了生态圈系统参与者的积极性，也为生态圈系统带来了更多的可供吸收的能力，有利于平台型电子商务企业物流生态圈的长期稳定发展。平台型电子商务企业在发展过程中会利用自身优势，向各级政府争取利好政策，促进生态圈系统的正向发展。

技术创新是促进平台型电商企业物流生态系统发展的重要动力。平

台型电商企业物流生态系统在传统 ERP、MRP 技术的基础上，运用云平台、大数据分析等技术，修正系统内部组织结构和协同行为。越来越发达的平台型电商企业物流生态系统也会反哺创新型企业，推动技术革新，进一步推动系统的升级演化。

平台型电子商务企业物流生态圈还面临着竞争环境的变化。当前电子商务物流市场竞争早已不是单一的企业间的竞争，而是生态圈系统间的群体竞争。行业中“头部效应”越来越明显，“赢者通吃”的局面已经逐渐形成。竞争范式的变化推动着越来越多的利益相关企业加入生态圈系统，否则，企业将随着时间推移而难以维系。强大的生态圈系统如果出现新的结构和协同关系，也会刺激其他生态圈系统跟进演化。

七、影响平台型电子商务企业物流生态圈协同演化的因素

通过前面对不同类型平台型电商企业物流生态圈演化动力及平台型电商企业物流生态圈演化机理的分析，可以推断对于不同阶段的平台型电子商务企业或物流服务企业，在物流生态圈协同过程中需要考虑的侧重点或因素会有区别。

对于处在初创期及成长期的平台型电商企业，在生态圈构建及演化过程中，为了获取专业化优势及提升综合绩效，一般会选择将物流服务业务外包给专业物流企业来完成，取长补短，利用物流服务企业的优势获得更好的市场竞争力。平台型电商企业在选择物流外包模式时，既要注意权衡成本和收益，又要放眼长远利益目标，综合考虑自身的需要和物流服务企业的条件；全部外包和部分外包给物流服务企业都有助于提高平台型电商企业的收益，但考虑到合作双方协同关系的稳定性，选择物流业务部分外包更优于物流业务全部外包；对于不具备自营物流条件的平台型电商企业，如果将全部物流业务外包给物流服务企业，也尽量不要只选择一家物流服务企业，以防止自身发展受制于物流服务企业的发展。物流服务企业的领导力和对合作伙伴的协同贡献可作为平台型电商企业筛选物流服务企业的参考指标。

对于处在成熟期且物流业务已经完全外包给专业物流服务企业的平台型电商企业，一方面，随着物流服务企业的业务参与，要不断提高与物流服务企业协同关系的稳定性，更加关注与物流服务企业的关系维护，可以通过技术介入或签订战略合作协议等形式增强与物流服务企业的合作黏性，逐步形成更为牢固的战略伙伴关系；另一方面，要在业务合作中提高自身的领导权，加强对物流服务过程及质量的监控，以提高合作收益。如根据需要向物流服务企业定制特色化物流服务，通过实时监控物流服务的进程达到更紧密的互动关系，通过对物流服务质量进行评价和反馈促使物流服务的提升，通过引进多家物流服务企业竞争的形式来分散物流完全外包的风险等。

对于新创物流服务企业或尚未介入平台型电商企业业务的物流服务企业，要积极融入与平台型电商企业的物流服务合作，抓住电商发展的契机，不断开拓自己的服务市场范围。一方面，要练好内功，通过自身业务实力的夯实，提供更专业的一站式供应链服务和更多样化的物流增值服务，来嵌入与平台型电商企业的协同合作中，从而获得不断成长；另一方面，要加强物流营销、物流业务创新和物流服务质量的提高，积极寻找适合自己与平台型电子商务企业联合协同的业务领域，并在双方业务流程协调、利益分配机制完善、合作链控制权博弈中着眼于远期收益，必要时通过一定的“让步”来获得平台型电商企业更多的信任和业务合作机会，最终获得自身收益的增加。

对于正在与平台型电商企业进行合作的物流服务企业，要加强自身服务品牌及企业竞争力的建设。一方面，需要进一步提升自身资源整合能力，通过加强与平台型电商企业业务流程的匹配度和信息流的耦合度，更好地满足平台型电商企业及客户需求的同时获得满意的协同收益；另一方面，需加强在与平台型电商企业合作链中的话语权，通过物流服务质量和物流专业能力的不断提升，获得平台型电商企业更多的业务依赖，从而形成更紧密、稳定的伙伴协同关系。

第五章　平台型电子商务企业物流生态圈种间协同演化模型及仿真

一、平台型电子商务物流生态圈种间协同共生模式

在平台型电子商务物流生态圈系统中，各类企业的组织边界由清晰向模糊转变，取而代之的是因功能边界而带来的种群分化，功能相似的个体聚集组成一个个功能模块，从而产出顾客所需的服务。平台型电子商务物流生态圈种间协同中最大的两个主体是平台型电子商务企业与物流服务企业。平台型电子商务企业是物流生态圈系统的领导者之一，也是物流生态圈系统的创造者，平台型电子商务企业物流生态圈系统中各个种群通过群体选择，以物流生态圈系统的商业主导逻辑和服务主导逻辑为共同目标协同进化。出于专业化分工和竞争优势的考虑，平台型电子商务企业会选择将物流业务部分或者全部外包给专业的物流服务企业。物流服务企业作为依托于平台型电子商务企业的物种，同时也是平台型电子商务企业生态圈系统线下组织的核心，物流服务企业与平台型电子商务企业的协同是在市场条件下自发进行竞争合作与分工协作的过程，根本目标在于服务与成本的自发博弈。

在生态物种的协同演化中，协同双方的基本原则是互利共生，根据物种间是否完全依赖对方，互利共生可以分为专性互利共生与兼性互利共生，兼性互利共生是指双方没有达到无法分割的状态，一方可以离开协同的另一方，而专性互利共生是指互利共生的物种不能离开协同的另一方。根据平台型电子商务企业物流服务外包的程度，会产生部分外包和完全外包两种物流模式，考虑到物流服务企业参与的深入程度不同，也可以将平台型电子商务企业与物流服务企业之间的共生模式分为兼性

共生模式和专性共生模式。

兼性共生模式是指平台型电子商务企业将物流业务部分外包给了物流服务企业，但平台型电子商务企业也有自身经营物流的能力，并不是完全依赖物流服务企业的，双方之间建立平等互助的合作关系，通过企业之间信息、技术、资金和人才的相互交流，实现互惠共生，但也存在随时脱离对方的可能，要维持两者的协同共生稳定性不仅取决于双方对各自的认可度，也取决于双方追求目标的一致共识。

专性共生模式是指平台型电子商务企业将物流业务全部外包给了物流服务企业，物流服务企业嵌入了平台型电子商务企业生态圈系统并担任不可替代的角色。表面上看，平台型电子商务企业与物流服务企业之间形成了互相需要及互补的关系，双方共享各自的优势和资源进行合作并实现共同盈利，但从线下物流环节的角度来看，平台型电子商务企业一旦采用完全物流外包模式，会比采用自营物流模式及部分物流外包模式时更依赖于物流服务企业，从而也会受制于物流服务企业。

平台型电子商务企业面对消费者高标准、个性化的需求，也会受到自身资源和能力的限制而无法做到完全自建及自营物流。因此，平台型电子商务企业会选择将物流服务部分外包或者全部外包的模式，通过寻求和吸纳优质的物流服务企业加入自身的生态圈系统实现“协同共生”，从而得到所需的服务支持并实现风险分担。中小型平台型电子商务企业由于自身实力和资源的限制，基本都是采用物流外包的模式，而大型有实力的平台型电子商务企业中也多数存在物流业务外包情况，比如阿里巴巴与“四通一达”的合作、“京东”与“达达”的合作、“拼多多”与快递公司的合作，外包已成为大多数平台型电子商务企业的主流物流模式选择，而在物流外包模式下，物流服务企业与电子商务企业之间的协同共生及合作稳定性将成为制约电子商务企业持续发展的关键因素。

本章模型的构建均基于用于研究企业的竞合关系、生态位的演化、产业间协同性的 Lotka-Volterra 模型，其基本原始模型如下：

$$\frac{dx}{dt} = rx\left(1 - \frac{x}{N}\right) \tag{5-1}$$

其中：x 表示种群的数量，N 表示环境的最大容量，r 表示种群的增长率，$\frac{x}{N}$表示种群已经占有的空间，$1-\frac{x}{N}$表示尚未发展的空间。

二、平台型电子商务物流生态圈种间协同稳定性模型构建及求解

平台型电子商务企业与物流服务企业作为两个独立的经营体，在合作的同时也会存在竞争，如何实现两者的协同稳定发展成为电子商务健康发展亟待解决的问题。根据物流服务企业与平台型电子商务企业的协同共生模式，平台型电子商务企业与物流服务企业协同稳定性模型又可分为两类：一类是兼性共生模式下的协同稳定性模型；另一类是专性共生模式下的协同稳定性模型。

平台型电子商务企业与物流服务企业间无论是选择兼性共生模式还是专性共生模式，双方都会对彼此有一定的依赖性和影响力。平台型电子商务企业与物流服务企业协同的均衡状态受到各自适应性的影响。适应性是系统应对外界刺激和影响的生存能力，保障了平台型电子商务企业物流生态圈系统演化趋向于均衡状态。在平台型商业生态圈系统中，整合型领导力对企业间的协同创新绩效起到正向影响。电子商务与物流之间的协同能否达到稳定取决于两者之间的影响系数和贡献系数的大小。基于此，本章认为在平台型电子商务企业和物流服务企业的自组织协同演化过程中，想达到双方都认可的均衡也要受到企业生存能力、企业领导力系数和协同贡献系数等因素的影响。

平台型电子商务企业和物流服务企业的收益水平能够反映各自的盈利能力并进一步体现为生存能力。用 x_1 和 x_2 分别代表平台型电子商务企业和物流服务企业的初始收益水平，用来反映企业的生存能力；t 表示时间，则$\frac{dx_2}{dt}$、$\frac{dx_2}{dt}$分别表示平台型电子商务企业和物流服务企业随时

间增长的收益水平变化率；r_1 和 r_2 分别表示平台型电子商务企业和物流服务企业收益水平的平均增长率；N_1 和 N_2 分别表示平台型电子商务企业和物流服务企业相互独立状态下能占有的最大市场收益份额，受到人力、财务、技术等资源的限制，企业能占有的最大收益份额会受到限制，因此，N_1 和 N_2 是有限常数。

在平台型电子商务企业和物流服务企业的协同过程中需要对各种资源进行整合并协调各种冲突，因此企业领导力系数反映一个企业促进双方协同合作的能力，主要体现在资源整合能力和冲突协调能力两个方面，用 λ 表示企业领导力系数，$\lambda \in (0, 1)$，其与协同效应呈正相关。用 λ_1 代表平台型电子商务企业的领导力系数，用 λ_2 代表物流服务企业的领导力系数，其值越接近于 1，表示企业领导能力越强，协同稳定性也越好。

在平台型电子商务企业和物流服务企业的协同过程中，双方业务分工的认同度及协调度将最终体现为协同贡献系数，用 α 表示物流服务企业对平台型电子商务企业产生的协同贡献，β 表示平台型电子商务企业对物流服务企业所产生的协同贡献，协同贡献系数为正，代表了平台型电子商务企业和物流服务企业的业务协同能力强；协同贡献系数为负，代表了平台型电子商务企业和物流服务企业的协同能力差，没有产生协同效应，考虑到双方企业协同的意义，α 和 β 至少一个为正值。

（一）兼性共生模式下的协同稳定性模型构建及求解

在兼性共生模式下，物流服务企业与平台型电子商务企业是紧密的合作伙伴，双方通过协同合作实现企业的互利共赢。在该模式下，物流服务企业是平台型电子商务企业互利共生的合作伙伴，虽然双方之间有一定的业务依赖性，但不是绝对的依赖关系，在兼性共生模式下，平台型电子商务企业与物流服务企业都是平等独立的个体。物流服务企业除了服务于平台型电子商务企业外，还可以有其他业务渠道，平台型电子商务企业也可以依靠自有力量完成物流活动。

虽然在兼性共生模式下，物流服务企业和平台型电子商务企业二者的地位较为平等，但只是相对而言，在两者构成的协同合作联盟中有一个主体的领导力会大于对方，只是领导力之间的差值较小而已。由于平台型电子商务企业具有双边市场特征，可能更容易对资源进行整合，因此，在兼性共生模式中，假定平台型电子商务企业的领导力系数大于或等于物流服务企业，即 $\lambda_1 \geqslant \lambda_2$。

基于上述理解，构建平台型电子商务企业与物流服务企业协同合作的微分方程模型用来描述两者兼性共生演化过程，具体如下：

$$\frac{dx_1}{dt} = r_1x_1\left(1 - \frac{x_1}{N_1} + \frac{x_2\alpha}{N_2}\lambda_2\right) \tag{5-2}$$

$$\frac{dx_2}{dt} = r_2x_2\left(1 - \frac{x_2}{N_2} + \frac{x_1\beta}{N_1}\lambda_1\right) \tag{5-3}$$

令 $\frac{dx_1}{dt}=\frac{dx_2}{dt}=0$，对上述方程组进行求解，解得方程组共有四个解，分别为：$h_1=(0,0)$，$h_2=(0,N_2)$，$h_3=(N_1,0)$，$h_4=\left(\frac{N_1(1+\alpha\lambda_2)}{1-\alpha\beta\lambda_1\lambda_2},\frac{N_2(1+\beta\lambda_1)}{1-\alpha\beta\lambda_1\lambda_2}\right)$，当方程解大于 0 时，才符合平台型电子商务企业与物流服务企业协同合作的意义，因此，只有 h_4 是方程的可能解，前三个解都不是真正意义上的解。当 $h_4>0$ 时，满足方程组解的条件，即 $\frac{N_1(1+\alpha\lambda_2)}{1-\alpha\beta\lambda_1\lambda_2}>0$，$\frac{N_2(1+\beta\lambda_1)}{1-\alpha\beta\lambda_1\lambda_2}>0$，求得 $\alpha\beta\lambda_1\lambda_2<1$。

由于领导力系数 $\lambda\in(0,1)$，因此，当 $\alpha>0$，$\beta>0$，且 $\alpha\beta<\frac{1}{\lambda_1\lambda_2}$时 $\frac{N_1(1+\alpha\lambda_2)}{1-\alpha\beta\lambda_1\lambda_2}>N_1$，$\frac{N_2(1+\beta\lambda_1)}{1-\alpha\beta\lambda_1\lambda_2}>N_2$，这意味着平台型电子商务企业和物流服务企业通过协同合作，各自的市场收益都有所增加，实现了双赢的结果。

同理，领导力系数 $\lambda\in(0,1)$，因此当 $\alpha>0$，$\beta>0$，或者 $\alpha=0$，$\beta>0$ 时，$\frac{N_1(1+\alpha\lambda_2)}{1-\alpha\beta\lambda_1\lambda_2}>N_1$，$\frac{N_2(1+\beta\lambda_1)}{1-\alpha\beta\lambda_1\lambda_2}=N_2$，或者 $\frac{N_1(1+\alpha\lambda_2)}{1-\alpha\beta\lambda_1\lambda_2}=N_1$，

$\frac{N_2\ (1+\beta\lambda_1)}{1-\alpha\beta\lambda_1\lambda_2}$>N2，这意味着平台型电子商务企业和物流服务企业处于偏利共生协同关系。虽然一方的市场收益额有所增加，但合作另一方的市场收益额没有发生改变，这不符合协同合作会带来共赢的预想，因此，从长期来看，只要存在单方收益增加，另一方收益不增加的情况，物流服务企业和平台型电子商务企业的协同稳定性就不会长远。

此外，当 $\alpha>0$，$\beta>0$ 时，$\alpha\beta\beta\lambda_1\lambda_2<1$，虽然这也满足方程根大于 0 的条件，但是两主体的协同贡献为负数，这违背了平台型电子商务企业和物流服务企业共建物流体系的初衷，不予考虑。

通过上述对 α、β 的参数范围分析可知，在兼性共生模式下，物流服务企业和平台型电子商务企业的协同关系主要有两种：一是互利共生关系；二是偏利共生关系。尽管两种协同方式都能使主体的总市场收益有所增加，但只有当两者为互利共生关系时，才真正实现了双赢，此时协同共生关系的稳定性也更强。进一步采用雅克比矩阵来判断解的稳定性，当雅克比矩阵的行列式 p>0，迹 q<0 时，该方程的解具有稳定性。公式（5-2）和公式（5-3）分别对 x_1 和 x_2 求偏导，变量所对应的偏导系数构成了如下的雅克比矩阵：

$$J=\begin{bmatrix} r_1-\frac{2x_1r_1}{N_1}+\frac{r_1x_2\alpha\lambda_2}{N_2} & \frac{r_1x_1\alpha\lambda_2}{N_2} \\ \frac{r_2x_2\beta\lambda_1}{N_1} & r_2-\frac{2x_2r_2}{N_2}+\frac{r_2x_1\beta\lambda_1}{N_1} \end{bmatrix} \qquad (5-4)$$

将 $h_4=\left[\frac{N_1\ (1+\alpha\lambda_2)}{1-\alpha\beta\lambda_1\lambda_2},\ \frac{N_2\ (1+\beta\lambda_1)}{1-\alpha\beta\lambda_1\lambda_2}\right]$代入上述雅克比矩阵中，得到

$p=\frac{r_1r_2\ (1+\alpha\lambda_2)\ (1+\beta\lambda_1)}{1-\alpha\beta\lambda_1\lambda_2}$，$q=\frac{r_1\ (1+\alpha\lambda_2)\ +r_2\ (1+\beta\lambda_1)}{\alpha\beta\lambda_1\lambda_2-1}$，当 $\alpha\beta\lambda_1\lambda_2<1$ 时，满足解的稳定性条件。这表明在兼性共生模式下，平台型电子商务企业与物流服务企业的协同合作状态在一段时间内能保持相对稳定的状

态。在满足 $\alpha\beta\lambda_1\lambda_2<1$ 的条件下，进一步根据协同贡献系数与领导力系数的大小，又可以将兼性共生模式中的联结方式分成以下两种情形。

（1）当 $0<\alpha\lambda_2<1$，$0<\beta\lambda_1<1$，但 $\alpha\lambda_2$ 和 $\beta\lambda_1$ 的数值偏小时，平台型电子商务企业和物流服务企业虽然保持协同合作，但其带来的协同效应不高，这可能是由于平台型电子商务企业与物流服务企业的规模还较小，双方的领导力都不是很高，导致资源整合能力和协调能力较差，或者也有可能是由于业务的分工认同度不高所致。

（2）当 $0<\alpha\lambda_2<1$，$\beta\lambda_1>1$，或是 $\alpha\lambda_2>1$，$0<\beta\lambda_1<1$，即一个数值较大，一个数值较小时，平台型电子商务企业和物流服务企业中的某一个企业充当协同合作联盟的主导者，对资源进行整合、协调等，以带动其他联盟成员发挥协同作用。

（二）专性共生模式下的协同稳定性模型构建及求解

专性共生模式下平台型电子商务企业是依托于物流服务企业的，因为其物流业务全部外包给了物流服务企业，这时，一旦平台型电子商务企业脱离了物流服务企业，那么电子商务企业就不能及时地把商品送至消费者手中，其自身的收益水平将大幅度下降。然而，物流服务企业离开了平台型电子商务企业，其还可以选择制造企业或其他方面的物流业务。因此，该模式下的物流服务企业对平台型电子商务企业的依赖性不高，而平台型电子商务企业对于物流服务企业的依赖性较高，一旦没有了物流服务企业作为支撑，平台型电子商务企业会出现负增长，直至消亡。根据上述的分析可以构建主体不对称的专性共生模式下的协同稳定性模型，具体如下：

$$\frac{dx_1}{dt}=r_1x_1\left(-1-\frac{x_1}{N_1}+\frac{x_2\alpha}{N_2}\lambda_2\right) \tag{5-5}$$

$$\frac{dx_2}{dt}=r_2x_2\left(1-\frac{x_2}{N_2}+\frac{x_1\beta}{N_1}\lambda_1\right) \tag{5-6}$$

令 $\frac{dx_1}{dt}=\frac{dx_2}{dt}=0$，解得方程有四个解，分别是 $b_1=(0,\ 0)$，$b_2=(0,\ N_2)$，

$b_3=(-N_1,\ 0)$，$b_4=\left[\frac{(\alpha\lambda_2-1)\ N_1}{1-\alpha\beta\lambda_1\lambda_2},\ \frac{(1-\beta\lambda_1)\ N_2}{1-\alpha\beta\lambda_1\lambda_2}\right]$，同理，只有 $b_4=\left[\frac{(\alpha\lambda_2-1)\ N_1}{1-\alpha\beta\lambda_1\lambda_2},\ \frac{(1-\beta\lambda_1)\ N_2}{1-\alpha\beta\lambda_1\lambda_2}\right]$是该方程的解。为了符合实际意义，方程的解也需大于0，因此得到：$\alpha\beta<\frac{1}{\lambda_1\lambda_2}$，$\alpha\lambda_2-1>0$，$1-\beta\lambda_1>0$。

与兼性共生模式的分析类似，同样采用雅克比矩阵对解的稳定性进行判定，当矩阵的行列式 p>0、q>0 时，求得的是方程的稳定解。该方程组的雅克比矩阵如下：

$$J=\begin{bmatrix} -r_1-\frac{2x_1r_1}{N_1}+\frac{r_1x_2\alpha\lambda_2}{N_2} & \frac{r_1x_1\alpha\lambda_2}{N_2} \\ \frac{r_2x_2\beta\lambda_1}{N_1} & r_2-\frac{2x_2r_2}{N_2}+\frac{r_2x_1\beta\lambda_1}{N_1} \end{bmatrix} \qquad (5-7)$$

将 $b_4=\left[\frac{(\alpha\lambda_2-1)\ N_1}{1-\alpha\beta\lambda_1\lambda_2},\ \frac{(1-\beta\lambda_1)\ N_2}{1-\alpha\beta\lambda_1\lambda_2}\right]$代入雅克比矩阵中，可得该矩阵的行列式 $p=\frac{r_1r_2\ (1-\alpha\lambda_2)\ (\beta\lambda_1-1)}{1-\alpha\beta\lambda_1\lambda_2}$，迹 $q=\frac{r_1\ (1-\alpha\lambda_2)\ +\ (\beta\lambda_1-1)\ r_2}{1-\alpha\beta\lambda_1\lambda_2}$，要满足 p>0，q<0，则意味着 $\alpha\beta<\frac{1}{\lambda_1\lambda_2}$，$\alpha\lambda_2>1$，$\beta\lambda_1<1$。

当 $\alpha\lambda_2>1$，$\beta\lambda_1<1$ 时，表明在专性共生模式下平台型电子商务企业对物流服务企业的协同作用较小，而物流服务企业对平台型电子商务企业的带动作用更强，平台型电子商务企业从专性共生模式中获得的收益更多。

三、平台型电子商务物流生态圈种间协同稳定性仿真结果

（一）兼性共生模式下的协同稳定性仿真结果

为了更加直观地了解各因子对平台型电子商务企业与物流服务企业协同的效果，利用 Matlab 对上述协同模型进行数值仿真分析。近些年

来，电子商务企业和电子商务物流都得到了快速发展，根据华经情报网资料显示，2019 年中国电子商务交易额的规模达到 36.8 万亿元，同比增长 16.3%，速度较快。另外，根据中国物流与采购联合会的调查，电子商务物流业务量也以 10%的速度稳步增长。根据前瞻产业研究院的预测数据，到 2024 年，中国电子商务交易额将达到 55 亿元，增长速度较快，电子商务物流也在同步增长，但平台型电子商务企业的发展速度是领先于电子商务物流企业发展速度的，因此，可以假定 x_1 的初始值较大，x_2 的初始值较小，对于增长率 r_1 和 r_2，可以假定 $r_1>r_2$，令 $r_1=0.3$、$r_2=0.1$，且 $N_1>N_2$，令 $N_1=3000$、$N_2=2000$。在仿真前对平台型电子商务企业和物流服务企业协同收益水平初始值进行赋值，设 $x_1=600$，表示当仿真时间 t 为 0 时，平台型电子商务企业的市场初始收益为 600 个单位；设 $x_2=220$，表示当仿真时间 t 为 0 时，物流服务企业的市场初始收益为 220 个单位。

1. 企业生存能力对协同稳定性的影响

根据兼性共生模型稳定性求解可知，当 $\alpha\beta\lambda_1\lambda_2<1$ 时，平台型电子商务企业和物流服务企业达到协同稳定状态，在兼性共生模式下平台型电子商务企业和物流服务企业不具备明显的地位优势差别，但因平台型电子商务企业具有双边市场特征，会对消费者产生巨大的网络效应，所以假设 $\alpha<\beta$。在满足 $\alpha\beta\lambda_1\lambda_2<1$ 的条件下，令 $\alpha=0.3$、$\beta=0.5$、$\lambda_1=0.5$、$\lambda_2=0.5$，保持其他参数不变，改变 x_1 和 x_2 的值来分析企业生存能力对平台型电子商务与物流服务企业协同稳定性的影响，分别令 $x_1=600$、780，$x_2=220$、300，其仿真结果如图 5-1 所示。实线代表平台型电子商务企业的收益水平，虚线代表物流服务企业的收益水平。当 $x_1=600$、$x_2=220$ 时，物流服务企业的最大均衡收益水平为 2598，平台型电子商务企业的最大均衡收益水平为 3585，当 $x_1=780$、$x_2=300$ 时，物流服务企业和平台型电子商务企业的最大均衡收益水平仍保持不变。

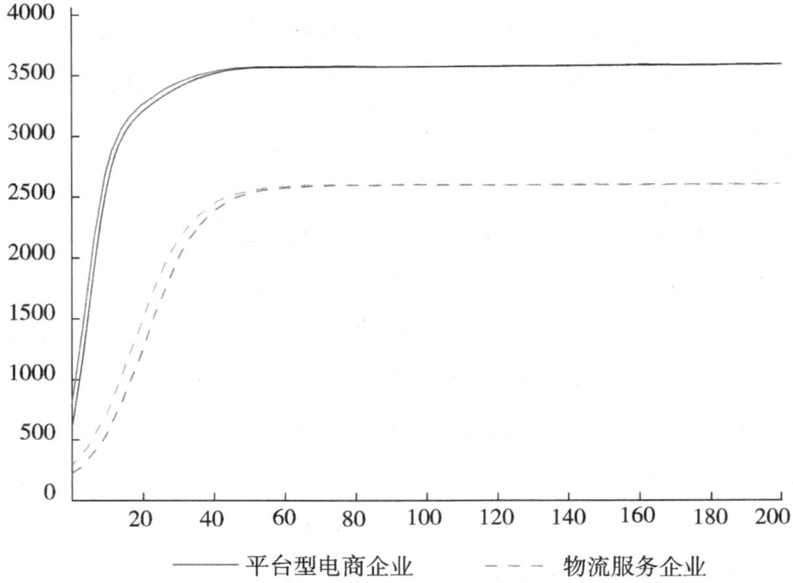

图 5-1　企业生存能力对协同稳定性的影响

由图 5-1 可知，企业的生存能力不会影响最终的市场收益均衡状态，但会对均衡状态的拐点产生影响。随着企业生存能力的提高，平台型电子商务企业和物流服务企业的最大均衡收益水平并未发生改变，但其到达均衡状态的增长速度都有所提升。这可能是由于生存能力强的企业往往适应环境变化的能力也越强，其认为依靠自身的力量也能够在竞争激烈的环境中生存下去，导致在整个协同过程中，企业的协同意愿不是非常强烈，从而影响了协同的效果。同时，生存能力强的企业凭借自身强大的运营能力，能够在协同过程中得到快速成长。

2. 企业领导力对协同稳定性的影响

当 $\alpha=0.3$、$\beta=0.5$ 时，在满足 $\alpha\beta\lambda_1\lambda_2<1$ 的条件下，仅改变企业领导力系数，设 $\lambda_1=0.5$、$\lambda_2=0.5$；$\lambda_1=0.5$、$\lambda_2=0.4$；$\lambda_1=0.6$、$\lambda_2=0.5$，其仿真结果如图 5-2 所示。实线代表平台型电子商务企业的收益水平，虚线代表物流服务企业的收益水平，从下到上分别是当

$\lambda_1=0.5$、$\lambda_2=0.4$；$\lambda_1=0.5$、$\lambda_2=0.5$；$\lambda_1=0.6$、$\lambda_2=0.5$ 的情形。当 $\lambda_1=0.5$、$\lambda_2=0.4$ 时，平台型电子商务企业的最大均衡收益水平为 3463，物流服务企业的最大均衡收益水平为 2577。当 $\lambda_1=0.5$、$\lambda_2=0.5$ 时，平台型电子商务企业的最大均衡收益水平为 3587，物流服务企业的最大均衡收益水平为 2597。当 $\lambda_1=0.6$、$\lambda_2=0.5$ 时，平台型电子商务企业的最大均衡收益水平为 3613，物流服务企业的最大均衡收益水平为 2722。可知，当任何一方的领导力增加，平台型电子商务企业和物流服务企业的最大均衡收益水平都会增加。

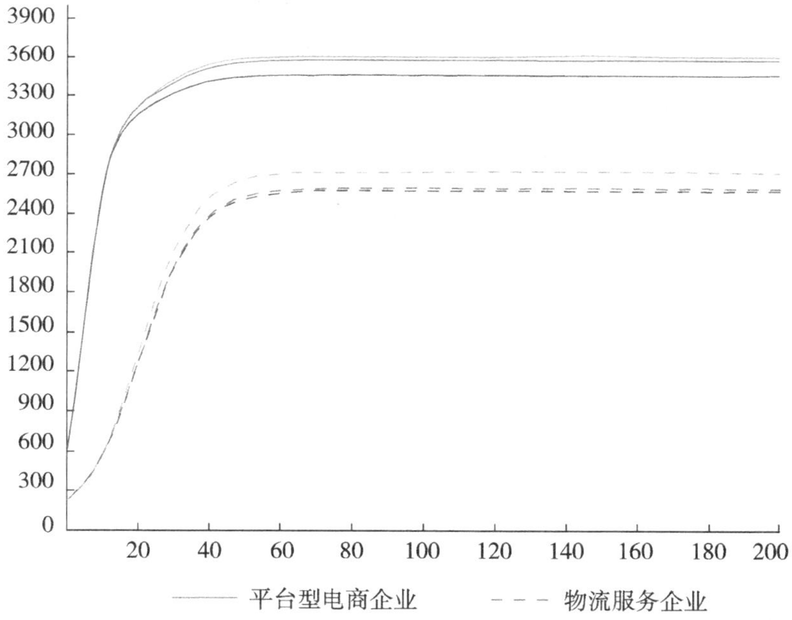

图 5-2　企业领导力对协同稳定性的影响

由图 5-2 可知，企业领导力会对平台型电子商务企业和物流服务企业的协同均衡状态产生影响。随着企业的领导力系数 λ 的增加，物流服务企业和平台型电子商务企业的最大均衡收益水平都有所扩增，但增幅较小，且任何一方企业的领导力增强，对于另一方的协同收益提升更显著。当物流服务企业和平台型电子商务企业的领导力都增加时，双方均衡收益水平的增幅较大，优于单一企业领导力增加的情形。这可能是拥有较强领导力的企业，整合资源会更容易，两个企业领导力同时增强更有助于资源快速整合，因而发挥的协同效应也就更为明显。

3. 协同贡献系数对协同稳定性的影响

在满足 $\alpha\beta\lambda_1\lambda_2<1$ 的条件下，仅改变协同贡献度系数，在 $\lambda_1=0.5$、$\lambda_2=0.5$ 的情形下，设 $\alpha=0.3$，表示物流服务企业对平台型电子商务企业的协同贡献系数；设 $\beta=0.5$、0.7，表示平台型电子商务企业对物流服务企业的协同贡献系数。仿真结果如图 5-3 所示，实线表示平台型电子商务企业所获得的市场收益，虚线表示物流服务企业所获得的市场收益，其中由下到上分别是 $\beta=0.5$、0.7 的情境。当 $\beta=0.5$，物流服务企业的最大均衡收益水平为 2597，平台型电子商务企业的最大均衡收益水平为 3585。当 $\beta=0.7$ 时，物流服务企业的最大均衡收益水平为 2850，平台型电子商务企业的最大均衡收益水平为 3641。

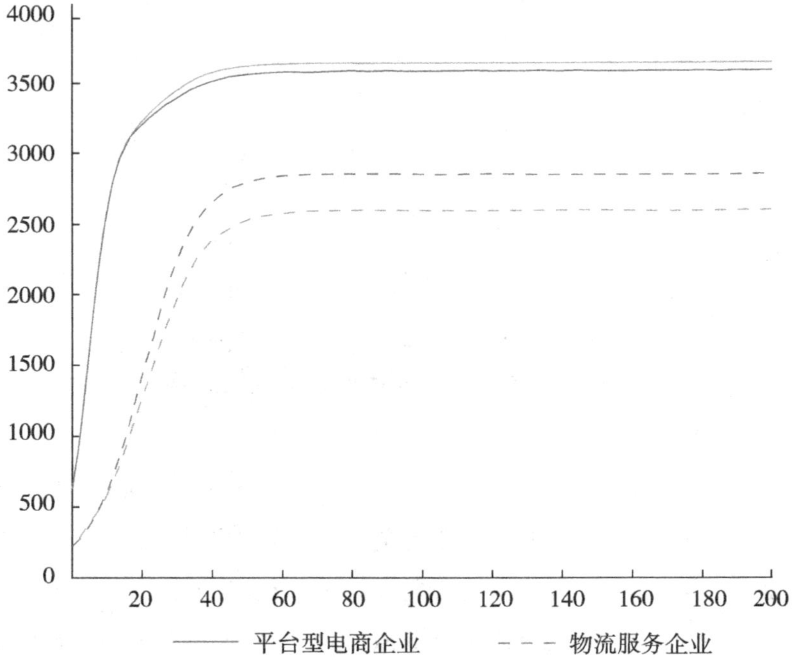

图 5-3　协同贡献度对协同稳定性的影响

由图 5-3 可知，当平台型电子商务采取兼性共生模式时，合作双方的均衡收益水平大幅度增加，其获得的最大收益水平大于自己独立经营的收益水平。随着协同贡献度系数 β 的增加，平台型电子商务企业和物流服务企业的市场收益水平也会增加，但物流服务企业从中获得的收益相对更多。通过上述分析可得，协同贡献系数会对最终的均衡状态产生影响，同时也会对均衡状态的拐点产生影响，协同贡献系数越大，市场收益水平的增速也就越快，但均衡状态所需时间不会受到协同贡献系数的影响。

（二）专性共生模式下的协同稳定性仿真结果

在专性共生模式下平台型电子商务企业对于物流服务企业的依赖性较大，属于主体不对称的协同模型，其参数的假设基本与兼性共生模式的假设基本一致，不同点在于平台型电子商务企业和物流服务企业的协同贡献系数和领导力系数。根据专性共生模型稳定性判定可知，当满足 $\alpha\lambda_2>1$、$\beta\lambda_1<1$ 条件时，两者才能保持协同稳定，这也意味着物流服务企业对于平台型电子商务企业的协同拉动作用更大，在此模式下，假定物流服务企业的协同贡献度和领导力都强于平台型电子商务企业，即 $\alpha>\beta$、$\lambda_2>\lambda_1$。

1. 生存能力对协同稳定性的影响

在满足 $\alpha\lambda_2>1$、$\beta\lambda_1<1$ 的条件下，令 $\alpha=1.5$、$\beta=0.2$、$\lambda_2=0.9$、$\lambda_1=0.4$，利用收益水平的初始值来代替企业生存能力的强弱，故在保持其他参数不变的条件下，改变 x_1 和 x_2 的值，分别令 $x_1=600$、1000，$x_2=220$、500。其仿真结果如图 5-4 所示，从下到上分别是：$x_1=600$、$x_2=220$ 和 $x_1=1000$、$x_2=500$ 的情形。当 $x_1=600$、$x_2=220$ 时，平台型电子商务企业的均衡收益水平为 1213，物流服务企业的最大均衡收益水平为 2081，当 $x_1=1000$、$x_2=500$ 时，平台型电子商务企业和物流服务企业的最大收益均衡水平保持不变。

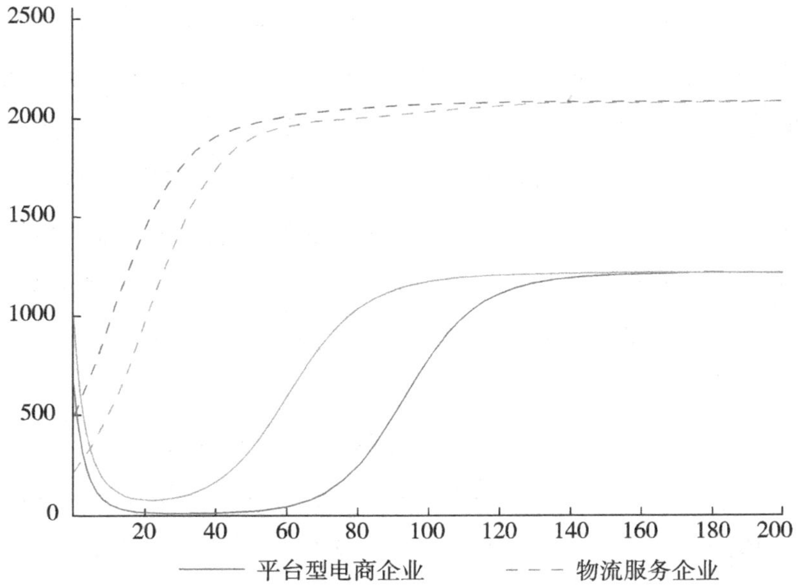

图 5-4　生存能力对协同稳定性的影响

由图 5-4 可知，在专性共生模式下，随着企业生存能力的提高，平台型电子商务企业和物流服务企业的最大均衡收益水平并未发生改变，这说明企业的生存能力与最终的均衡状态无关，但是其会对均衡状态的拐点产生影响。企业的生存能力越强，平台型电子商务企业和物流服务企业协同收益增长的速度也就越快，其中，企业生存能力占优势的平台型电子商务企业的增长速度更快。这是由于生存能力较强的企业，其对基础资源的把握及运营能力较强，因此能够迅速调整企业以适应环境的变化并获得快速成长。

2. 企业领导力对协同稳定性的影响

在满足 $\alpha\lambda_2>1$、$\beta\lambda_1<1$ 的条件下，保持其他参数不变，只改变参数 λ 的值。在专性共生模式下物流服务企业的领导力非常高，才能符合平台型电子商务企业托付全部物流业务实现协同共生的初衷，设 $\lambda_2=0.9$、$\lambda_1=0.4$、0.5、0.7，其仿真结果如图 5-5 所示。从下到上分别是 $\lambda_1=0.4$、0.5、0.7 的情形。当 $\lambda_1=0.4$ 时，平台型电子商务企业的均

衡收益水平是 1177，物流服务企业的均衡收益水平是 2063；当 $\lambda_1=0.5$ 时，平台型电子商务企业的均衡收益水平为 1213，物流服务企业的均衡收益水平为 2081；当 $\lambda_1=0.7$ 时，平台型电子商务企业的均衡收益水平为 1293，物流服务企业的均衡收益水平为 2120，企业的最终均衡状态发生了变化（见图 5-5）。

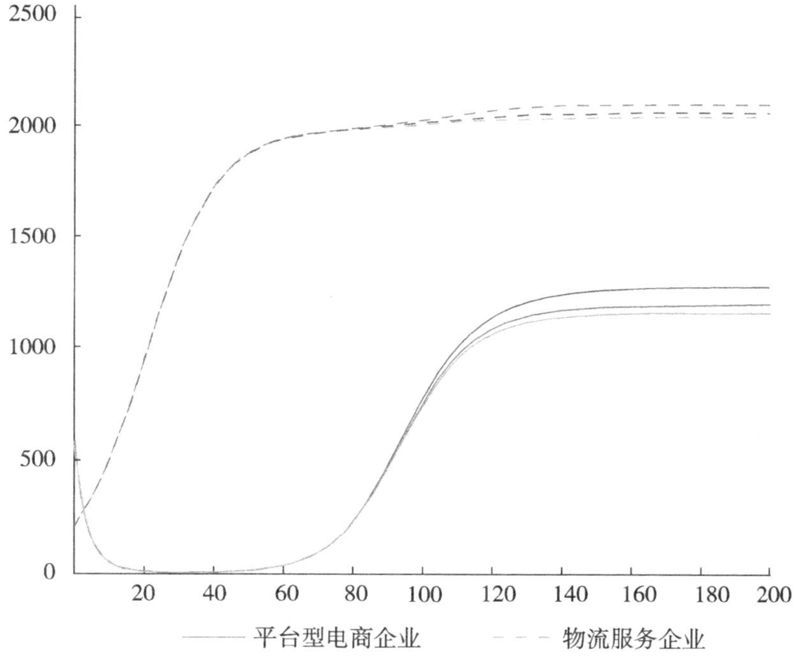

图 5-5 企业领导力对协同稳定性的影响

由图 5-5 看出，企业领导力的改变会使平台型电子商务和物流服务企业的均衡收益水平发生变化。随着企业领导力系数的提高，物流服务企业和平台型电子商务企业的均衡收益水平在逐步增加，且领导力处于相对较弱的平台型电子商务企业获得的收益更多。这主要是由于在此种模式下，物流服务企业对于平台型电子商务企业的依赖性不高，电子商务物流业务只占物流服务企业业务中的一部分，且物流服务企业的规模比平台型电子商务企业的规模要大，因此平台型电子商务企业的领导力增加对物流服务企业的协同效应不太明显。但对平台型电子商务企业而言，其领导力系数的增加，可以提高其在外包合作中的话语权，加强了对物流服务的控制，从而通过物流服务企业提供的优质服务来提高自身竞争力。

3. 协同贡献系数对协同稳定性的影响

满足 $\alpha\lambda_2>1$、$\beta\lambda_1<1$ 的条件，在保持其他参数不变的情况下，改变参数 α 和 β 的数值，令 $\alpha=1.5$，$\beta=0.2$、0.4、0.7，其仿真结果如图 5-6 所示，实线 x_1 表示平台型电子商务企业的市场收益，虚线 x_2 表示物流服务企业的市场收益，由下到上分别是 $\beta=0.2$、0.4、0.7 的情境。当 $\beta=0.2$，平台型电子商务企业的均衡收益水平为 1213，物流服务企业的均衡收益水平为 2081。当 $\beta=0.4$ 时，平台型电子商务企业的均衡收益水平为 1436，物流服务企业的均衡收益水平为 2191。当 $\beta=0.7$，平台型电子商务企业的均衡收益水平为 1990，物流服务企业的均衡收益水平为 2464，其最终的收益均衡状态发生了改变。

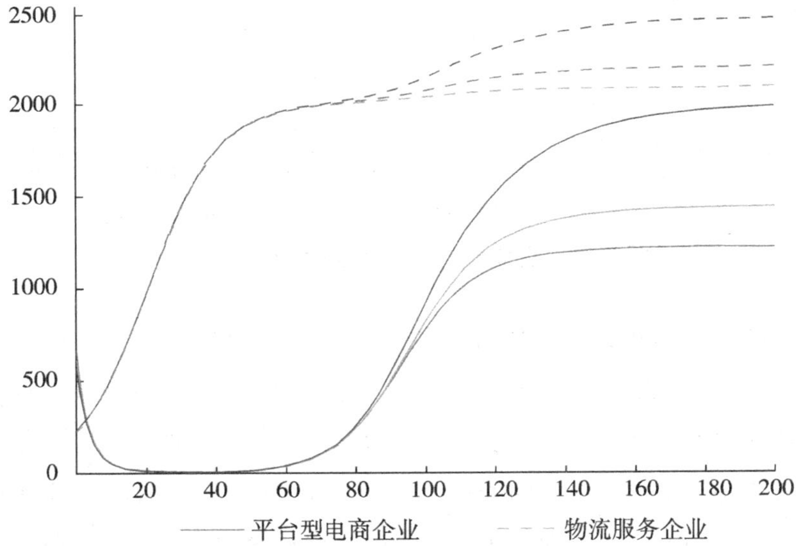

图 5-6 协同贡献系数对协同稳定性的影响

由图 5-6 可知，协同贡献系数与最终的收益均衡状态是相关的，协同贡献系数增加，平台型电子商务企业和物流服务企业的收益水平都得到了扩增，而且协同贡献系数的差值越大，双方扩增的收益水平也越高，且平台型电子商务企业的收益更大，这也进一步验证了在专性共生模式下，物流服务企业对平台型电子商务企业的贡献更大。值得注意的是，电子商务企业的市场收益水平呈现出先大幅度下降后增加的趋势，这可能是由于平台型电子商务企业和物流服务企业在外包合作的初期，两类企业之间存在业务流程的不协同、业务信息耦合度不高、利益不协调等问题，导致平台型电子商务企业的物流服务质量下降，从而影响到了自身收益。

四、平台型电子商务企业物流生态圈种间协同仿真结论与启示

（一）平台型电子商务企业物流生态圈种间协同仿真结论

本章构建了平台型电子商务企业与物流服务企业协同稳定性模型，进一步探究平台型电子商务企业与物流服务企业的协同关系及两者协同合作的稳定性。根据平台型电子商务企业物流外包的程度不同，可以分为部分外包对应的兼性共生模式和全部外包对应的专性共生模式。通过上述的算式与仿真分析可知，兼性共生模式与专性共生模式具有一定的相似性，同时也存在一定的区别。

相似性主要表现在以下几点：

（1）无论是兼性共生模式还是专性共生模式，企业生存能力的强弱只会改变平台型电子商务企业与物流服务企业达到协同状态的速度，而不会对最终的协同稳定状态产生影响，但企业的生存能力越强则到达协同稳定状态的速度越快。

（2）在两种模式下，平台型电子商务企业与物流服务企业协同的稳定性状态都会受到企业领导力的影响。任何一方企业领导力的增强都会对双方的协同收益提升有显著影响，且领导力越强，企业到达协同稳定状态的速度就越快。

（3）在两种模式下，协同贡献系数都能够改变平台型电子商务企业与物流服务企业协同的稳定性状态，并对增加双方的协同收益都有提高作用，但对另一方协同贡献系数相对较低的企业获得收益增加的幅度更明显。

（4）无论是兼性共生模式还是专性共生模式，协同贡献对平台型电子商务企业与物流服务企业的协同效果的影响都较大，而企业领导力对平台型电子商务企业与物流服务企业的协同效应的影响都相对较小。

两种模式的不同主要体现在以下三个方面：

（1）在兼性共生模式下，平台型电子商务企业的领导力要比物流服务企业的领导力更高，而在专性协同共生模式中由于平台型电子商务企业和物流服务企业的地位存在不对称现象，所以专性共生模式下物流服务企业和平台型电子商务企业的领导力系数差异较大，且默认物流服务企业的领导力要高于平台型电子商务企业的领导力，只有这样才符合平台型电子商务企业选择物流全部外包协作的根本原因。

（2）在兼性共生模式下，平台型电子商务企业对物流服务企业的协同贡献系数较大，物流服务企业对平台型电子商务企业的协同贡献系数较小；而在专性共生模式下，平台型电子商务企业对物流服务企业的协同贡献系数较低，而物流服务企业对平台型电子商务企业的协同贡献系数较大。

（3）与兼性共生模式相比，专性共生模式下的物流服务企业与平台型电子商务企业协同的稳定性会差一些。在专性共生模式下平台型电子商务企业和物流服务企业的收益变化幅度比较大，尤其是平台型电子商务企业的收益水平出现了先下降再上升的剧烈波动。

（二）平台型电子商务企业物流生态圈种间协同仿真启示

专性共生模式与兼性共生模式都能使平台型电子商务企业与物流服务企业的市场收益水平有所增加，达到了双赢的结果，这说明企业与企业间选择协同会使彼此受益，所以，即便是大型有实力的平台型电子商务企业为了专业化优势及综合绩效的考虑，也可以选择将部分不擅长的物流业务外包给专业物流服务企业进行合作，取长补短，共同进退。

在选择物流业务外包时，平台型电子商务企业可以选择物流业务的部分外包或者全部外包，物流部分外包模式的平台型电子商务企业或物流服务企业都需要增强自身在协同合作中的领导力，以便于更好地获利。当选择物流业务全部外包时，平台型电子商务企业与物流服务企业间就形成了专性共生模式。这时，物流服务企业对平台型电子商务企业的协同贡献更大，但平台型电子商务企业对物流服务企业的依赖性也会最强，由于协同双方地位的不对称而呈现出较差的协同稳定性，因此，提醒选择物流全部外包模式的平台型电子商务企业应更加关注与物流服务企业的关系维护，有必要建立牢固的战略合作伙伴关系。

选择物流全部外包的平台型电子商务企业，在与物流服务企业协同的初期，其市场收益呈现出先下降后增长的波动趋势，这可能是由于平台型电子商务企业和物流服务企业还未形成深层次的合作，也面临着双方业务流程的待协调、利益分配机制的待完善、合作链中控制权的博弈等问题，所以，在专性共生模式合作初期，成本效应要比收益效应更快地呈现出来，从而可能引起平台型电子商务企业市场收益的减少，但这种模式下物流服务企业对平台型电子商务企业的协同贡献更好，这也启发平台型电子商务企业在选择物流全部外包模式时既要注意权衡成本和收益的关系，也要放眼长远利益目标，从而做出更合适的物流模式选择。

当前，物流服务企业的发展速度整体还是落后于电子商务企业的发展速度，所以物流服务企业要抓住电子商务发展的契机，不断开拓自己的业务领域范围，要积极联合平台型电子商务企业，通过与平台型电子商务企业的协同联动获得自身收益的增加。另外，物流服务企业的领导力和对合作伙伴的协同贡献将成为平台型电子商务企业选择物流服务商的重要参考，所以，物流服务企业要注意提升资源整合能力，加强自身企业领导力建设，通过把更专业的一站式服务、更多样化的增值服务嵌入平台型电子商务企业的协同系统中，从而获得不断成长。

第六章　平台型电子商务企业物流生态圈种内协同演化模型及仿真

一、平台型电子商务企业物流生态圈种群生态位量化模型

在生态位理论的基础上，本书将平台型电子商务企业物流生态圈系统种群生态位宽度定义为种群生存过程中所利用和占据的所有资源的总和，包括外部环境（经济、政策、文化、技术）和内部环境（人力、资金、市场需求）等资源，体现了一个种群对生态圈系统环境的适应能力和资源获取能力。根据 Levins（1968）提出的生态位宽度测量方程，可以建立平台型电子商务企业生态圈系统种群生态位量化模型。

种群生态位宽度 $F_i = \{X \mid f(x_1, x_2, \cdots, x_n)\}$，$X = (x_1, x_2, \cdots, x_n)$，表示种群 i 对 n 类资源要素的利用程度。生态圈系统内所有资源要素由 $E_i = I_1, I_2, \cdots, I_n$ 表示，其中 I_n 表示生态圈系统中第 n 个资源要素。根据 F_i 与 E_i 的交集，可以得出生态圈系统各个种群的生态矩阵模型（见表 6-1）。

表 6-1　生态矩阵

	生态圈系统内资源要素	种群数量
生态圈系统内部种群	$N_{11}, N_{12} \cdots N_{1j}$ $N_{21}, N_{22} \cdots N_{2j}$ ⋮ $N_{i1}, N_{i2} \cdots N_{ij}$	Y_1 Y_2 ⋮ Y_s
	$X_1, X_2 \cdots X_n$	Z

因此，用 N_{ij} 表示第 i 个种群对资源 j 的利用规模；$Y_i = \sum_{j=1}^{r} N_{ij}$ 代

表第 i 类种群数量；$X_j=\sum_{i=1}^{s}N_{ij}$ 代表利用第 j 类资源的所有种群数量；$Z=\sum_{i=1}^{s}\sum_{j=1}^{r}N_{ij}$ 代表生态圈系统内所有种群的数量。

根据生态圈系统内的资源要素分布，将 F_i 定义为种群的生态位宽度：

$$F_i=\frac{1}{\sum_{j=1}^{r}P_{ij}^2}=\frac{(\sum_{j=1}^{r}N_{ij})^2}{\sum_{j=1}^{r}N_{ij}^{\ 2}}=\frac{r_i^{\ 2}}{\sum_{j=1}^{r}N_{ij}^{\ 2}} \quad (6-1)$$

其中，$P_{ij}=\frac{N_{ij}}{Y_i}$是种群 i 对资源 j 的利用比例。

平台型电子商务企业物流生态圈系统虽然会主动协调各个种群的竞争关系，但是依然存在着由于生态位重叠而导致的竞争关系。因此，理想生态位重叠程度高的成员必须主动进行生态位分离，避免竞争，否则，生态圈系统内的竞争依然激烈，弱势一方将会遭到淘汰。

根据种群生态位宽度公式，结合 Dimmick（1993）生态位重叠度测量公式，可以推导平台型电子商务企业物流生态圈系统种群生态位重叠度测量公式：

$$\alpha_{ij}=\frac{\sum_{z=1}^{n}P_{iz}P_{jz}}{\sqrt{\sum_{z=1}^{n}P_{iz}^{\ 2}\sum_{z=1}^{n}P_{jz}^{\ 2}}} \quad (6-2)$$

其中，α_{ij} 代表种群 i 与种群 j 的生态位重叠度；P_{iz} 与 P_{jz} 分别代表种群 i 和种群 j 对资源 z 的利用比例；生态位重叠度 $\alpha_{ij}\in[0,1]$，当 $\alpha_{ij}=0$ 时，种群 i、j 生态位完全分离；$\alpha_{ij}=1$ 时，两个种群的生态位完全重叠。生态位 α_{ij} 的值可以体现种群间的竞争强度。通过测量种群间生态位重叠度可以预测种群选择竞争策略的倾向。

二、平台型电子商务企业物流生态圈种内协同演化模型

（一）种内协同演化的基本假设

平台型电子商务企业生态圈中领导种群作为生态圈系统的发起者和组织者，其成员少、协同意愿高，本章不对其进行讨论。本章从平台型

电子商务企业物流生态圈中选取骨干种群中两个物流企业个体作为博弈双方进行举例。由于博弈双方处于同一种群、位于同一功能层级，所以双方理想生态位必然存在重叠部分，因此无法“独善其身”，必须做出选择，假定博弈双方只有协同或竞争两种博弈策略。

（二）种内协同演化模型的构建

假设个体 A、B 是存在于骨干种群中的两个物流企业个体。当不存在其他个体时，A、B 在各自的优势生态位上都可以获得独立收益。双方选择协同或竞争策略时，都需要付出相应的成本，但同时也会在协同竞争过程中获得额外收益（见表 6-2）。

表 6-2　种群内个体收益矩阵

		B	
		协同	竞争
A	协同	$A+\gamma KF-\theta C$ $B+(1-\gamma)KF-(1-\theta)C$	$A-E_B$ $B+\rho_B B-S_B$
	竞争	$A+\rho_A A-S_A$ $B-E_A$	$A-E_B+\rho_A A-S_A$ $B-E_A+\rho_B B-S_B$

其中，支付矩阵中的 K、θ、γ、ρ 的取值范围为（0，1），表 6-2 中字母符号的具体含义如表 6-3 所示。

表 6-3　种内协同符号解释

符　号	含　义
A	个体 A 独自发展时的收益
B	个体 B 独自发展时的收益
K	个体 A、B 的协同程度
F	协同收益能力系数，假设其为常数
γ	个体 A 选择协同时增加收益的分配比例

续表

符 号	含 义
$1-\gamma$	个体 B 选择协同时增加收益的分配比例
C	个体 A、B 协同所需付出的成本
θ	个体 A 的协同成本分担系数
$1-\theta$	个体 B 的协同成本分担系数
E_A	个体 A 选择竞争时给 B 造成的损失
E_B	个体 B 选择竞争时给 A 造成的损失
ρ_A	个体 A 选择竞争时增加自身收益的比例系数
ρ_B	个体 B 选择竞争时增加自身收益的比例系数
S_A	个体 A 付出的竞争成本
S_B	个体 B 付出的竞争成本

在平台型电子商务企业物流生态圈系统中，个体物流企业 A 选择协同的概率用 x 表示，个体物流企业 B 选择协同的概率用 y 表示，x 与 y 的取值范围均为（0，1）。当 $x=0$ 或者 $y=0$ 时，个体 A 或个体 B 选择对抗性竞争的策略；当 $x=1$ 或者 $y=1$ 时，个体 A 或个体 B 选择单纯性协同的策略；当 $0<x<1$ 或者 $0<y<1$ 时，个体 A 或个体 B 选择协同竞争的策略。

根据演化博弈复制动态方程式：

$$\frac{dx}{dt}=x_i[(U_i,\ x)-U(x,\ x)] \tag{6-3}$$

式中，x_i 为一个种群中采取纯策略 i 的概率，$(U_I,\ x)$ 表示采用该策略的适应度，U（x，x）表示平均适应度。演化博弈的稳定点具有使博弈方自动回归到稳定策略上的能力，微小的波动不会影响整体的稳定性。当干扰因素使 x 低于 x^* 时，$\frac{dx}{dt}$必须大于 0；当 x 大于 x^* 时，则$\frac{dx}{dt}$必须小于 0。

进一步推导出个体 A 与个体 B 的协同竞争博弈动态方程为：

$$F\ (A)\ =\frac{dx}{dt}=x\ (1-x)\ [y\ (\gamma KF-\theta C)\ +\ (S_A-\rho_A A)\ ] \tag{6-4}$$

$$F\ (B)\ =\frac{dy}{dt}=y\ (1-y)\ \{x\ [\ (1-\gamma)\ KF-\ (1-\theta)\ C]\ +\ (S_B-\rho_B B)\ \} \tag{6-5}$$

令F（A）=O、F（B）=0，得出均衡点x=0、x=1和$y^*=\frac{\rho_A A-S_A}{\gamma_A N-C_A}$；$y=0$、$y=1$和$x^*=\frac{\rho_B B-S_B}{\gamma_B N-C_B}$，当（$x^*$，$y^*$）∈（0，1）时，是该方程的解。

（三）种内协同演化系统稳定性分析

上述方程的解不一定都是系统的演化稳定策略，需借助雅克比矩阵来进一步判断该演化系统的稳定性。用公式（6-4）、公式（6-5）分别对x和y求偏导，得到雅克比矩阵，将各均衡点代入公式（6-6）中，当其矩阵的行列式大于0，迹小于0时，该点是系统的稳定点。各均衡点的迹和行列式如表6-4所示，其中将（x^*，y^*）代入，发现其雅克比矩阵的迹为0，不满足稳定点的条件，在此不予考虑。

$$J=\begin{bmatrix}(1-2x)[y(\gamma KF-\theta C)+S_A-P_A A] & x(1-x)(\gamma KF-\theta C)\\ y(1-y)[(1-\gamma)KF-(1-\theta)C] & (1-2y)[x(1-\gamma)KF-(1-\theta)C]+S_B-\rho_B B\end{bmatrix} \tag{6-6}$$

表6-4 均衡点的迹和行列式

均衡点	行列式（det）	迹（tr）
(0, 0)	$(S_A-\rho_A A)(S_B-\rho_B B)$	$S_A-\rho_A A+S_B-\rho_B B$
(0, 1)	$(\gamma KF-\theta C-\rho_A A+S_A)(\rho_B B-S_B)$	$\gamma KF-\theta C-\rho_A A+S_A+\rho_B B-S_B$
(1, 0)	$(\rho_A A-S_A)[(1-\gamma)KF-(1-\theta)C-\rho_B B+S_B]$	$[(1-\gamma)KF-(1-\theta)C-\rho_B B+S_B+\rho_A A-S_A]$
(1, 1)	$(\gamma KF-\theta C-\rho_A A+S_A)[1-\gamma KF-(1-\theta)C-\rho_B B+S_B]$	$-[\gamma KF-\theta C-\rho_A A+\gamma KF-\theta C-\rho_A A+S_A+(1-\gamma)KF-(1-\theta)C-\rho_B B+S_B]$

根据 $(x^*, y^*) \in (0, 1)$，可知 $0 < \frac{\rho_A A - S_A}{\gamma KF - \theta C} < 1$，$0 < \frac{\rho_B B - S_B}{(1-\gamma)KF - (1-\theta)C} < 1$，只有当协同收益大于协同成本时，企业才有可能采取协同策略，即需满足 $\gamma KF - \theta C > 0$，$(1-\gamma)KF - (1-\theta)C > 0$，将上述满足的约束条件代入表 6-4 中，得到的结果如表 6-5 所示。

表 6-5　均衡解的稳定性分析

均衡点	行列式（det）	迹（tr）	稳定性
（0，0）	>0	<0	稳定点
（0，1）	>0	>0	不稳定点
（1，0）	>0	>0	不稳定点
（1，1）	>0	<0	稳定点
(x^*, y^*)	不确定	0	鞍点

从表 6-5 中可以得出，个体 A 与 B 的协同演化策略有两个，分别是（协同，协同）和（竞争，竞争），双方最终的演化策略取决于鞍点的位置。鞍点的位置又是由竞争收益系数 ρ、协同成本 C、协同程度 K、竞争付出的成本 S、收益分配系数 γ、成本分配系数 θ 等参数所决定的。独自发展收益均会影响种群内个体的协同策略选择。

（四）演化鞍点分析

种群内部之间能实现协同、避免对抗性竞争是平台型电子商务企业物流生态圈系统所追求的理性状态。通过上述对均衡解的稳定性分析可以得到其演化相位图，如图 6-1 所示。HPKI 的面积代表种群内个体间的协同概率，面积越大，则个体 A、B 选择协同的概率会越大。用 M 表示 HPKI 的面积，$M = 1 - \frac{1}{2}\left(\frac{\rho_A A - S_A}{\gamma_A N - C_A} + \frac{\rho_B B - S_B}{\gamma_B N - C_B}\right)$，通过对面积函数数值求导来分析鞍点各参数值的变化对种群内个体 A、B 的协同行为产生的影响。

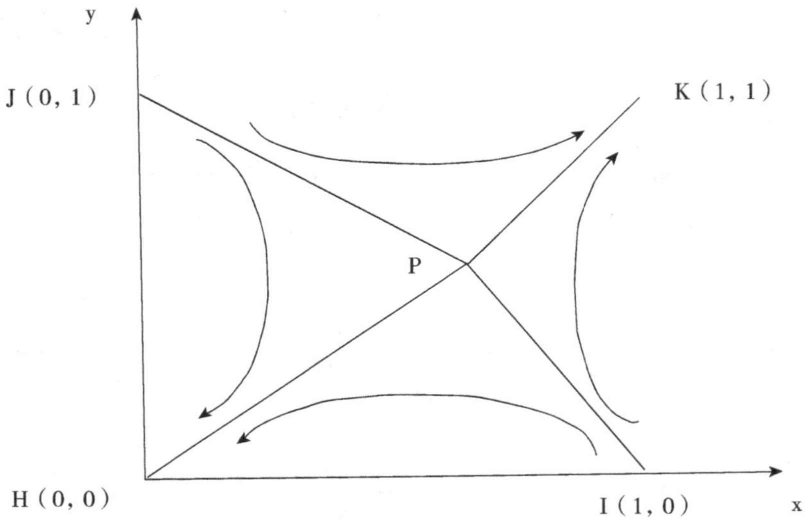

图 6-1　种群内部协同演化相位图

竞争收益系数 ρ_A、协同成本 C、单独收益 A 和单独收益 B 与 HPKI 的面积呈递减关系。当竞争收益系数 ρ_A 增加，协同成本 C 增加，单独收益 A 和单独收益 B 增加时，协同概率的面积减小，种群内部个体朝（0，0）方向演化的概率增加，种群内部易选择对抗性竞争策略。

协同程度 K、竞争付出的成本 S 与 HPKI 的面积呈递增关系。当协同程度 K 增加，竞争成本 S 增加时，协同概率的面积变大，种群内部个体朝（1，1）方向演化的概率将会增加，个体 A、B 更倾向于采取协同策略。

收益分配系数 γ 与 HPKI 的面积不是单调关系。当 $\rho_A A-S_A>\rho_B B-S_B$ 时，γ 增加，协同概率的面积会增加；当 $\rho_A A-S_A<\rho_B B-S_B$ 时，γ 增加，协同概率的面积会减少。这表明当个体选择竞争带来的收益较高时，只有增加其收益分配系数，使其获得更多的协同收益，才有可能促使企业朝协同方向演变。

协同成本分配系数 θ 与 HPKI 的面积也不是单调关系。当 $\rho_A A-S_A>\rho_B B-S_B$ 时，协同成本分配系数 θ 增加，协同概率的面积会减小；

$\rho_A A-S_A<\rho_B B-S_B$ 时，协同成本分配系数 θ 增加，协同概率的面积 HPKI 会变大。这表明当个体选择竞争带来的收益较高时，只有降低其成本分担系数，减少其协同成本，企业才有可能选择协同策略。

三、平台型电子商务企业物流生态圈种内协同演化仿真结果

为了具体地反映出平台型电子商务企业物流生态圈种内协同演化的动态变化，并进一步分析相关因素对种群内部协同行为产生的影响。本部分利用数值仿真来探讨协同程度、竞争收益系数、单独收益等因素对种内个体协同策略选择的影响。

（一）演化稳定策略对种内协同演化的影响

在满足上述参数约束的条件下，给参数赋予相应的初始值。令 $A=8$，$B=6$，$K=0.5$，$F=20$，$\rho_A=0.2$，$\rho_B=0.2$，$S_A=1$，$S_B=0.6$，$C=7$，$\theta=0.6$，$\gamma=0.6$。考虑到个体 A 和个体 B 虽然可以产生协同效应，但同时也具备一定的风险，假设个体 A 和个体 B 选择协同的初始概率都为 0.5，种群内部协同演化仿真结果如图 6-2 所示。

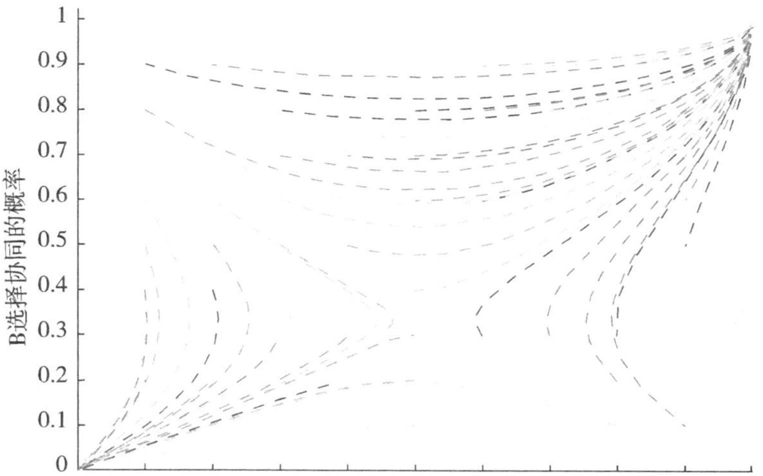

图 6-2 种内协同竞争稳定策略

图 6-2 仿真结果表明，同一种群的个体 A 和个体 B 的协同演化稳定策略为（协同，协同）和（竞争，竞争），且在演化系统中存在一个鞍点，鞍点向左偏离，会增加个体朝（协同，协同）演化的概率，鞍点向右偏离，会增加个体朝（竞争，竞争）演化的概率，该仿真结果与上述算式的结论是保持一致的。

（二）协同程度对种内协同行为的影响

企业与企业的协同可以分为战略协同、策略协同和技术协同，每一层次所对应的协同程度是不同的。本章将协同程度概括为高、中、低三个维度（0.5 以下为低程度，0.7 及以上为高程度，处于两者中间为中等协同程度）。保持其他参数不变，令 K=0.4、0.5、0.6、0.7、0.9，个体 A 的协同概率随时间变化的结果如图 6-3 所示。当 K=0.4 时，个体 A 选择协同的概率为 0，当 K=0.5、0.6、0.7、0.9 时，个体 A 选择协同的概率为 0，如图 6-3 所示。

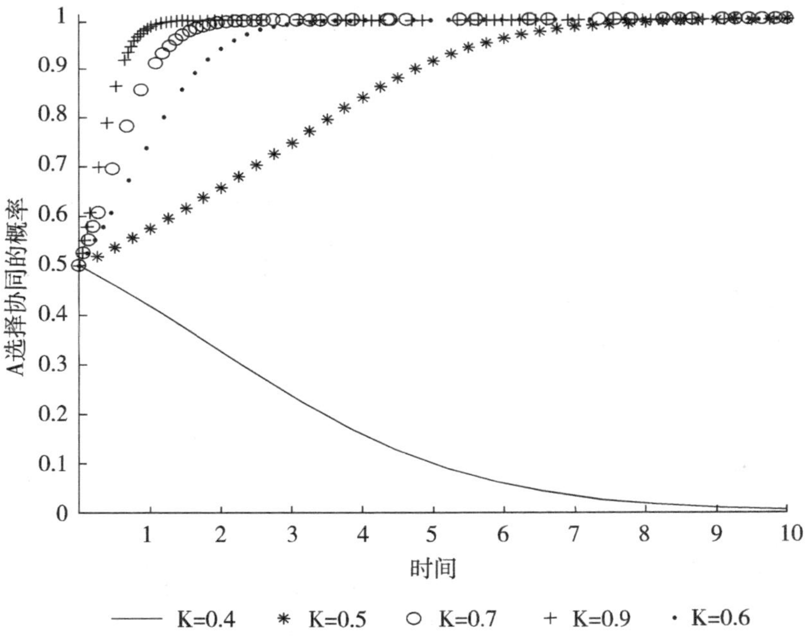

图 6-3　协同程度对种内协同策略的影响

由图 6-3 仿真结果可知，协同程度会对种内个体的协同行为产生影响。在协同程度较低的情况下，个体 A 朝竞争方向演化，其选择协同策略的概率最终趋于 0。在中等协同程度的条件下，个体 A 的行为发生了转变，开始朝协同方向进行演化，协同概率最终稳定于数值 1，且当协同程度逐步增加至中高程度时，协同的演化周期迅速缩短。在高度协同下，个体 A 朝协同方向演化的速度较快、演化时间 t 较短。这主要是因为协同程度越高，越容易形成利益共生体，形成较为稳固的协同关系，创造的协同效应也会越明显。

（三）收益分配系数对种内协同行为的影响

其他参数不变，仅改变 A 的收益分配系数 γ 的值，令 $\gamma=0.2$、0.4、0.6、0.8、0.9，个体 A 的协同概率随时间的变化结果如图 6-4 所示。当 $\gamma=0.6$ 时，A 选择协同的概率为 1，当 $\gamma=0.2$、0.4、0.8、0.9 时，A 选择协同的概率为 0。

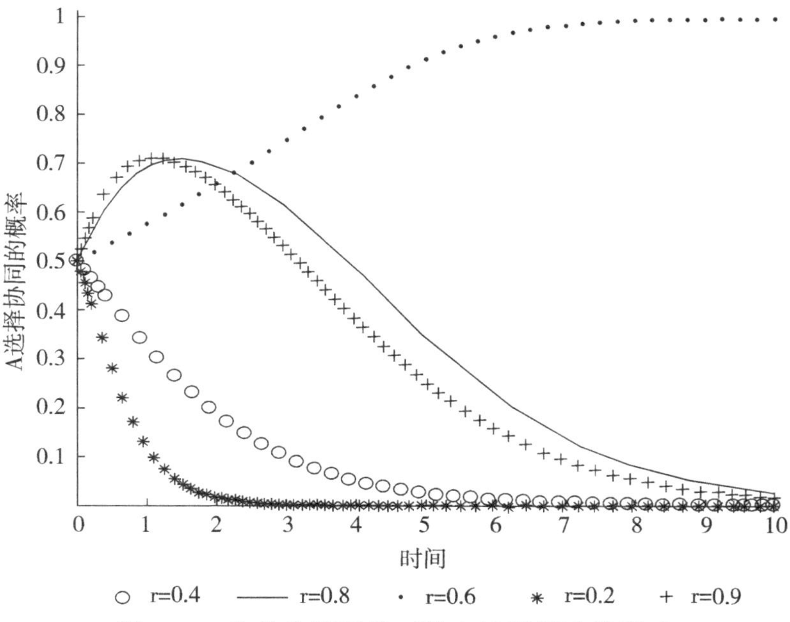

图 6-4　收益分配系数对种内协同策略的影响

由图 6-4 仿真结果可知，收益分配系数会影响种内的协同演化策略。当 A 的收益分配系数较低时，A 朝竞争方向演化，且收益分配系数越低，协同概率收敛于 0 的时间 t 也就越短。当收益分配系数逐步增加至 0.6 左右时，个体 A 的行为发生了改变，由竞争朝协同方向进行演化。当收益分配系数超过临界值 0.6 时，A 的协同概率小幅度增加后又开始减少，最终也收敛于 0。上述分析表明协同成员的收益分配系数存在一个最佳范围比例，收益分配系数过高或过低都会促使种群内部朝竞争方向演化。收益分配系数过低，个体 A 在权衡预期协同收益与所投入的成本后，不会采取协同策略。收益分配系数过高，个体 A 有动力实施协同，但可能会导致合作伙伴 B 的利益受损，从长期看，这种协同关系是不稳定的，易导致协同合作失败。

（四）单独发展收益对种内协同行为的影响

其他参数不变，分别令 A=4、6、8、10、11，个体 A 的协同概率随时间变化的结果如图 6-5 所示。当 A=10 和 11 时，个体 A 选择协同的概率为 0，当 A=4、6、8 时，其选择协同的概率为 1。

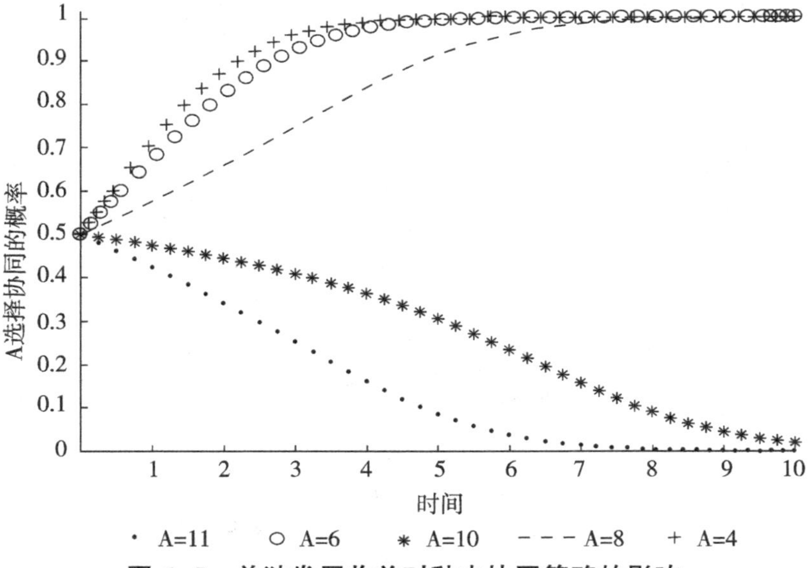

图 6-5　单独发展收益对种内协同策略的影响

由图 6-5 仿真结果显示，种内个体的单独发展收益会影响其协同行为。单独发展收益较高时，A 会朝竞争方向演化，其协同行为的概率趋近于 0，且单独发展收益数额越大，协同概率收敛于 0 的速度就越快，演化的时间也更短。当单独发展收益逐渐减小后，个体 A 的协同行为发生了改变，由竞争转为协同，协同概率最终稳定在数值 1。当竞争收益系数不变时，单独发展收益越大，种内个体选择竞争时带给自身的收益也越大，当竞争收益值超过协同收益时，企业便会采取竞争策略。

（五）竞争收益系数对种内协同行为的影响

保持其他参数不变，仅改变竞争收益系数的 ρ_A 值，令 $\rho_A = 0.15$、0.2、0.3、0.4、0.5，个体 A 的协同策略随时间变化的结果如图 6-6 所示。当 $\rho_A = 0.3$、0.4、0.5 时，个体 A 选择协同策略的概率为 0，当 $\rho_A = 0.15$、0.2 时，个体 A 选择协同策略的概率为 1。

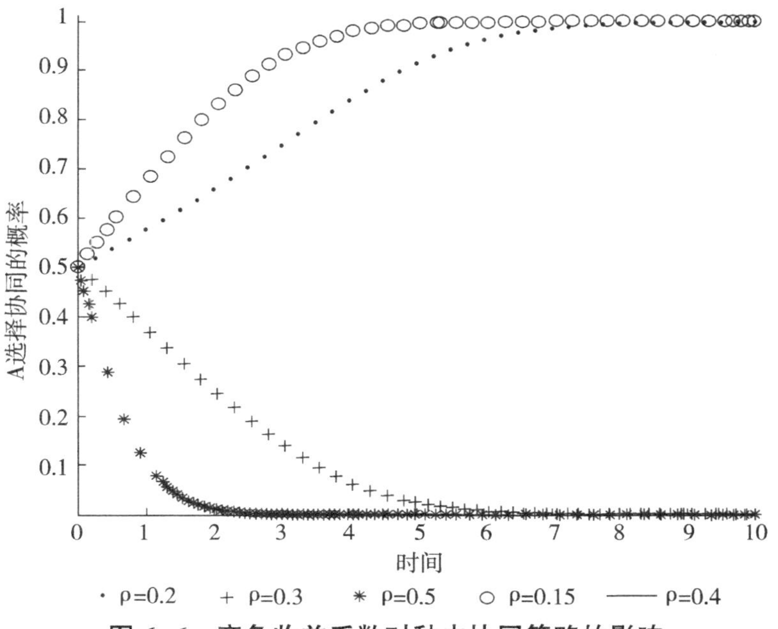

图 6-6 竞争收益系数对种内协同策略的影响

图 6-6 仿真结果表明，竞争收益系数会对种内协同策略的选择产生影响。当 A 的竞争收益系数较小时，其朝着协同方向进行演化，且竞争收益系数越小，协同演化的时间就越短，演化速度也越快。随着竞争收益系数的增加，A 开始由协同方向朝竞争方向演化，当 ρ_A 超过临界值 2.2 时，个体 A 选择协同策略的概率为 0，且竞争收益系数越大，其朝竞争方向演化的速度越快，演化周期越短。这是因为其他参数保持不变，竞争收益系数增加，个体选择竞争带来的收益也会增加，当竞争带来的潜在收益大于预估的协同收益时，企业会选择竞争策略。

（六）竞争成本对种内协同演化的影响

保持其他参数不变，仅改变竞争成本 S_A 的数值，令 S_A = 0.5、0.6、0.8、1、1.2、1.5，个体 A 选择协同的概率随时间变化的结果如图 6-7 所示。当 S_A = 0.5、0.6 时，个体 A 选择协同的概率为 0，当 S_A = 0.8、1、1.2、1.5 时，个体 A 选择协同的概率为 1。

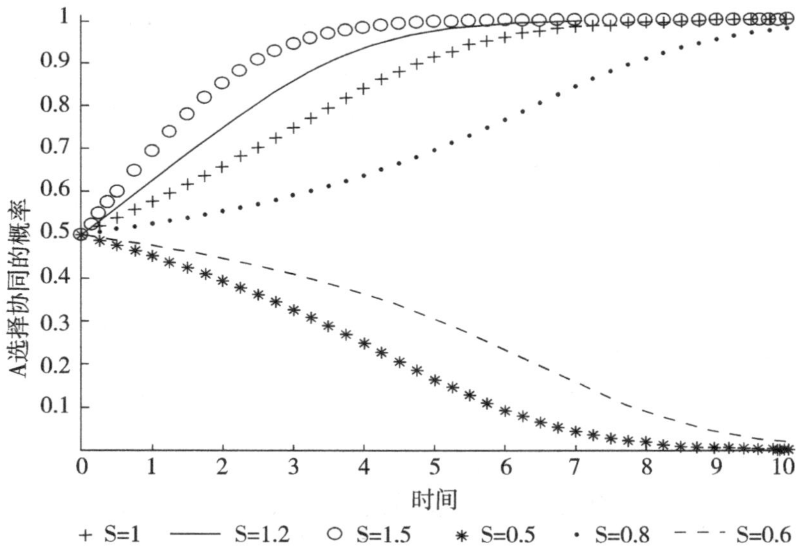

图 6-7　竞争成本对种内协同策略的影响

由图 6-7 仿真结果显示，竞争成本会对群内个体的协同行为产生影响。当竞争成本较高时，个体 A 朝着协同方向进行演化，协同的概率最终收敛于 1，且随着竞争成本的增加，个体 A 协同的演化周期会逐步缩短，演化的速度也会有所加快。当竞争成本较低时，个体 A 会由协同朝竞争方向演化，在协同概率为 0 时达到稳定。这是因为竞争成本过高时，个体 A 选择竞争所增加的自身收益与所投入的竞争成本相比，还不足以吸引企业去开展竞争；当竞争成本过低时，个体 A 投入少，短期收益就更大，企业会采取竞争策略。

（七）协同成本对种内协同演化的影响

保持其他参数不变，仅改变协同成本 C 的值，令 C=5、6、7、8、9，个体 A 选择协同的概率随时间变化的结果如图 6-8 所示。当 C=8、9 时，个体 A 不会选择协同策略，当 C=5、6、7 时，个体 A 会选择协同策略。

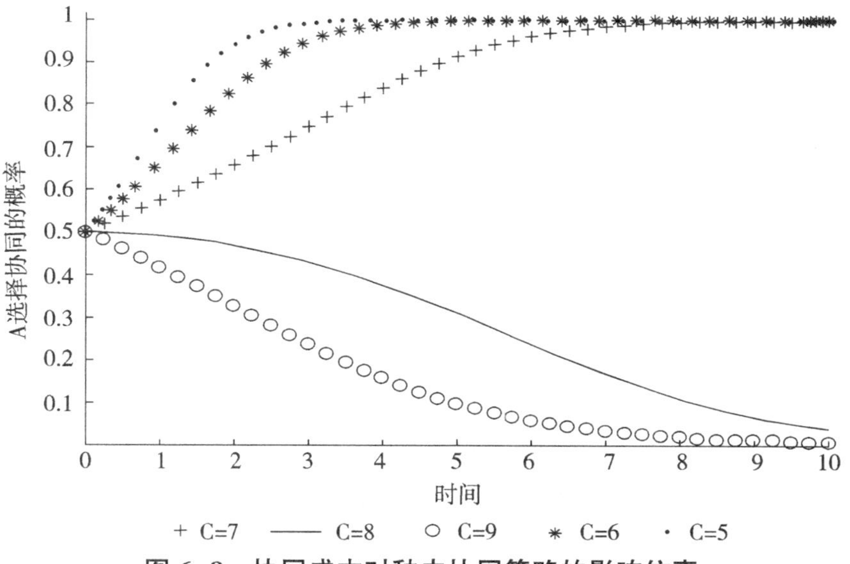

图 6-8　协同成本对种内协同策略的影响仿真

由图 6-8 仿真结果可知，协同成本会影响个体的协同策略。当协同成本较低时，个体 A 朝协同方向进行演化，且协同成本越低，协同演化速度就越快，协同演化时间 t 也越短。随着协同成本的逐步增加，个体 A 的协同行为发生了变化，开始朝竞争方向演化，当 C 超过临界值 7 时，A 的协同概率收敛于 0，意味着企业会采取对抗性竞争策略，且协同成本越大，朝竞争方向演化的时间也就越短。这是因为协同成本过高，企业难以承担高昂的协同成本，同时高成本的投入也间接降低了协同合作的收益，导致种内个体协同合作的意愿偏低。

（八）协同成本分配系数对种内协同演化的影响

保持其他参数不变，仅改变 A 的协同成本分担系数 θ 的值，令 θ=0. 35、0. 45、0. 65、0. 85，个体 A 选择协同的概率随时间 t 变化的结果如图 6-9 所示。当 θ=0. 45、0. 65 时，个体 A 会选择协同策略，当 θ=0. 35、0. 85 时，个体 A 选择协同策略的概率为 0。

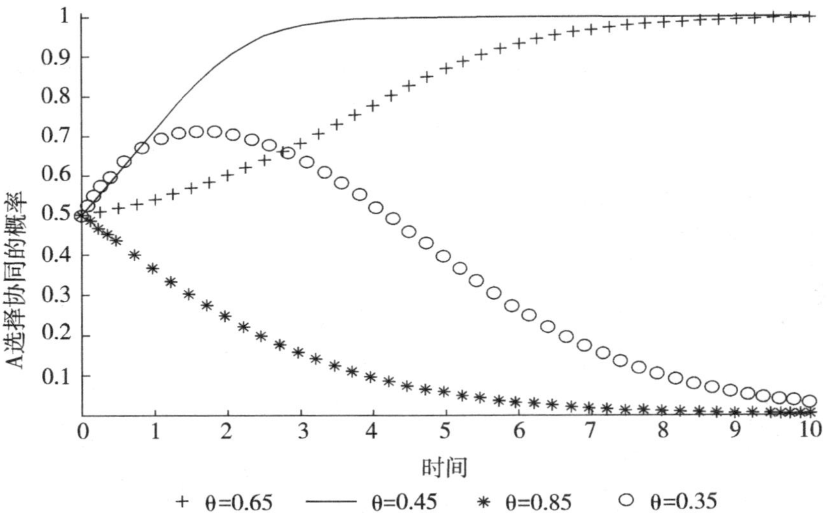

图 6-9　协同成本分配系数对种内协同策略的影响

由图 6-9 仿真结果可知，协同成本分配系数也会对 A 的协同行为产生影响。当 A 的成本分担系数在 0. 45 和 0. 65 之间时，A 会朝协同方向演变，最终协同概率收敛于 1。当协同成本分担系数 θ 为 0. 85 或 0. 35 时，A 朝着竞争方向演变，在协同概率接近 0 时达到稳定。这反映出了成本分配系数过高或过低都会阻碍个体之间实现协同，只有当协同成本分担系数维持在恰当的范围内，才能促进种群内个体朝协同方向演化。

四、平台型电子商务企业物流生态圈种内协同仿真结论及启示

（一）建议合理的成本收益分配机制

通过模型求解及仿真得知，在平台型电子商务企业物流生态圈种内协同演化过程中，利益是各企业进行决策的重要影响因素，成本、收益分配是否合理直接会影响到协同合作的稳定性。在制定相应机制时，种群内部个体需要公正地确定成员的贡献与付出，遵循付出与所得收益成正相关的基本原则，避免低付出高收获、高付出低收获等短期不合理的契约行为。同时，也要注意通过适当降低成本分担系数和增加收益分配系数来吸引竞争收益较高的企业参与协同。

（二）加强种内企业的战略协同

在平台型电子商务企业物流生态圈种内协同演化过程中，种内同类企业的协同程度会影响种群内部个体协同策略的选择，协同程度越高，企业选择协同合作的概率也就越大。群内个体首先需要从思想上达成一致，考虑长期合作，由技术协同、策略协同逐步进阶为战略协同，以形成稳定的协同合作关系，最大限度地发挥协同效应。这要求企业在选择合作伙伴时，需提前考虑伙伴的优劣势、文化理念、地位等因素，尽量选择志同道合的伙伴，以减少协同过程中的沟通成本和冲突等问题。

（三）降低种内企业的协同成本

如果平台型电子商务企业物流生态圈种内企业协同成本过高，企业可能由于承担不起较高的成本而选择不协同，这会增加种群内部个体朝竞争方向演化的概率。种群内部个体间可以搭建有效的沟通机制，以降低沟通成本；通过提升伙伴间的信任，完善信任机制，以减少交易成本。此外，领导种群作为整个协同系统的资源整合者，可以通过补贴等

形式适当让利以降低其他种群内部协同的门槛。

（四）培育种内企业的协同氛围

当竞争带来的收益较高时，企业选择竞争策略的概率较大。种内企业可以通过减小竞争收益系数，增加竞争成本，从而促使企业朝协同方向转变。具体来说，一方面，作为整个生态圈系统的领导种群应充当培育种群及营造种群内部的协同氛围的角色，加强顶层设计，避免生态位过于重叠；另一方面，同一功能的群内个体需树立正确的竞合观，找准自身的优劣势，共同挖掘合作的业务范围。此外，作为外部环境的政府、相关行业协会等应出台相应的政策鼓励群内个体实施协同，如对于恶性竞争的企业采取一定的处罚措施。

面对当前激烈的市场竞争，平台型电商企业生态圈种内企业要摒弃传统的竞争理念，树立协同合作的长远发展观。比如，平台型电商企业生态圈中的快递物流企业，要正确认识在生态圈种内协同的必要性，通过与同行快递企业的“共享网络资源”进行协同合作，以实现“取长补短”及“抱团取暖”，从而获得更稳定和长远的发展。

第七章　平台型电子商务企业物流生态圈协同演化实例

一、阿里巴巴菜鸟物流的简介

目前，阿里巴巴集团的主要业务可以分为电商服务、蚂蚁金融服务、大数据云计算服务、菜鸟物流服务、互联网服务、跨境贸易服务和广告服务七大类。菜鸟网络科技公司是阿里巴巴集团与多家物流企业、地产企业共同合资创立的物流联盟企业，主要是通过整合社会化物流力量将电商仓储及配送的运作进行集成化和标准化，通过大数据的分析能力，精准服务于客户需求，创建电商物流的标准化操作模式。

菜鸟物流是一个平台型电子商务企业与专业物流企业共同打造的开放式物流平台，通过信息技术建立了中国智能物流骨干网络，吸引其他物流服务企业的加入，形成以菜鸟物流为“盟主”的物流联盟生态圈。当前，菜鸟物流平台型电子商务企业物流生态圈已经成为全国最大的物流联盟体系，其仓配网络覆盖全世界两百余个国家和地区，联盟成员超过3000家，生态圈系统内的运输车辆超过23万辆，开辟专线600余万条，每日能处理的物流信息超过15亿条。

二、阿里巴巴物流生态圈的构成主体及核心能力

（一）菜鸟物流生态圈的构成成员

菜鸟物流生态圈的构成成员共有103家，主要分为五大类，具体为快递服务平台、仓配网络、跨境网络、菜鸟驿站和菜鸟农村淘宝物流等（见表7-1）。

表 7-1　菜鸟物流生态圈成员构成

序号	类　别	合作成员（部分）
1	快递服务平台	百世快递、德邦、国通快递、快捷快递、中通快递、全峰快递、顺丰速运、申通快递、天天快递、韵达快递、圆通速递、优速快递、中国邮政速递物流、中国邮政、如风达、宅急送
2	仓配网络	百世供应链、晟邦物流、东骏快捷物流、蜂网、蜂巢供应链、黄马甲、普罗格、科捷物流、LF 物流、赛澳递、万象物流、心怡科技物流、越海全球物流、中国远洋物流、芝麻开门速递、苏宁易购、北领、安得特流
3	跨境网络	增利国际、斑马物联网、百世、CORREOS、Direct Link、东晨物流、递四方速递、DEX、EMS、DHL、上海基森、Hermes、ICB、佳成国际、嘉里大通、OTEL、OMNIVA、POSTI、Rayal Mail、俄速通、中远集团、易达仓储、港荟；
4	菜鸟驿站	好德、金虎便利、可好、可的、绿城集团、美宜佳、全家便利、千惠、天福、万科、喜士多、祐驿站、樱淘管家、唐久便利
5	菜鸟农村淘宝物流	D 速物流、哈尔滨捷迅商务、黄马甲生活快递、建华投递、农村淘宝、南宁腾达、日日顺、苏宁易购、万象特流

资料来源：菜鸟网络官网。

其中，菜鸟物流生态圈的仓配网络合作伙伴数量有 19 家，快递服务合作伙伴有 16 家。菜鸟物流生态圈形成的仓配一体合作关系是一种开放的合作关系。以阿里巴巴集团构建的菜鸟网络为核心，其他物流企业共存于一个生态网络中，实现仓配资源共用。菜鸟对物流生态圈中的仓配企业进行资源整合，促使仓配企业提高服务标准化程度，利用网络系统撮合商家和联盟仓配企业交易，并从中按照固定比例的成交额作为手续费获得盈利。

在菜鸟物流生态圈中，菜鸟起到的主要作用是平台服务和监管。菜鸟是物流生态圈中物流仓储和配送服务规范的制定者和监管者，通过制定标准化的操作流程，监管合作服务企业的操作流程，并且在这个过程中，积极引入了客户与商家的双渠道评分方法，实现对仓储和配送企业的物流业务进行评价。另外，菜鸟物流作为仓储和配送集成化的领导者，在仓管体系的建立、仓库定位及选址等管理服务方面起到标准化引领作用，通过实体仓储网络及虚拟数据库的结合使用，能够实现仓储和配送整体解决方案和商品库存预测等。

阿里巴巴物流生态圈以大数据和信息技术作为“天网”，以仓储节点作为“地网”，形成立体的网络布局，将菜鸟物流的各个模块串联起来，形成企业的物流生态圈，主要由快递企业、末端配送、跨境物流、农村物流网络、菜鸟驿站，以及菜鸟物流制作的集查货、收货、寄货等快递功能的裹裹 APP 几个模块构成。菜鸟物流生态圈是专业、高效的物流仓储和配送集成服务平台，主要是基于仓储网络和配送网络及大数据决策，实现合理的资源调配。菜鸟物流生态圈集成了第三方仓储和配送服务企业，通过运用先进的信息技术和数据分析、决策，帮助卖家提供产品库存的精准预测和指导，同时也通过借助智能分析为仓储和配送服务企业提供操作流程的改进建议，最终提供平台入驻企业及客户需要的仓配物流服务。总的来说，菜鸟物流生态圈的仓储和配送一体化优势主要体现在网络覆盖范围大、物流时效快、服务过程更专业、服务质量更优、服务体验更好等。

1. 阿里巴巴的快递网络

快递网络是阿里巴巴物流生态圈的重要组成部分，其基于互联网平台及数据、技术的支持为商家、买家、物流商提供有针对性的服务。菜鸟物流针对加盟的物流服务企业实施引导，搭建了公共电子面单平台，对凡是使用及推广电子面单的物流服务企业给予优惠和补贴。阿里巴巴电商平台上的卖家直接对接菜鸟物流的系统，卖家和物流服务企业同时使用电子面单，实现了统一单号下的不同环节企业间的联动作业。

对商家来说，快递网络通过电子面单、在线下单、橙诺达三项服务，帮助其迅速处理大批量交易；智选物流则是整合各物流商的运行数据，并依此为商家提供时效性最优的物流选择，在降低物流服务企业成本的同时也提高了物流服务质量。对于物流服务企业，快递网络通过使用电子面单、路由分单、物流云和菜鸟天地等多项服务，也减少了纸质打印和手工出错，大大提高了分拣的速度。此外，依靠互联网技术支持解决了快递配送中的突发情况，从而提升了物流效率及配送的准确度和时效性。对消费者来说，快递网络平台可以实现物流服务评价、在途包裹跟踪、菜鸟裹裹、货到付款、一键退货等服务。客户不仅可以对物流配送服务进行实时监控，还可以进行服务体验后的评价，另外，还有上门揽件和开箱验货等增值服务，让客户切实体验到便捷、快速、优质的收件和寄件服务。

2. 阿里巴巴的仓配网络

阿里巴巴物流生态圈的仓配网络对相关物流基础进行了全面整合，驱动了物流提供商的升级，为企业物流生态圈的数据积累提供了渠道，同时仓配网络的构建使得新型便捷的配送方式成为可能。为了实行新型配送方式，阿里巴巴物流生态圈在最初布局时就设计了“地网”，通过菜鸟物流平台积累的大数据，在全国范围进行了高标准、高质量的仓储布局。菜鸟物流在全国范围内通过 8 大仓储中心，华东节点最大仓在金华，华南节点最大仓在广州，华北节点最大仓在天津，实现了对平台入驻企业和客户仓配物流的高效响应。

阿里巴巴物流生态圈的仓配网络利用企业参与建设的仓库及其电子商务积累的数据，分别针对商家、买家及物流商提供个性化服务。对商家来说，仓配网络依据商家所在行业不同（例如生鲜、化妆品、家电等）提供专业的仓储管理及配送的相关服务。对消费者来说，阿里巴巴利用仓配网络，以快速和便捷为目标，与物流联盟合作提供当日达、次日达、定时配送和上门取（退）货服务。通过平台数据预测和多地仓库就近配送，目前，阿里巴巴物流生态圈的当日达、次日达已经覆盖了 1000 多个区县。

3. 阿里巴巴的跨境物流网络

阿里巴巴物流生态圈的跨境物流网络通过整合全球物流提供商，疏通跨境物流清关流程，现已推广到世界 224 个国家及地区。在物流网络构建方面，阿里巴巴参与建立 74 个跨境仓库，拥有 49 家跨境物流商合作伙伴，每年处理订单400余万单。对阿里巴巴跨境物流服务中的无忧系列的保税、直邮、仓储等服务，大大降低了企业加入跨境电子商务的准入门槛。过去，经营进出口货物的商家必须自行联系转运商及国内配送，梳理清关的各个环节，流程繁杂，且成本高昂，时效极低。在阿里巴巴物流生态圈的跨境物流网络整合下，所需物流资源全部在线，商家可依据需求进行各种不同的组合，以完成个性化的跨境配送。对消费者来说，由于跨境网络在杭州、广州等城市有保税备货模式，其收货速度与国内网购可基本保持一致。

4. 阿里巴巴的农村物流网络

阿里巴巴物流生态圈的农村物流网络是随着阿里电子商务平台开展农村淘宝业务发展起来的，是商品在偏远地区与城市间对流的渠道。目前，阿里巴巴通过与落地配送公司合作建立农村节点，在城乡区域中已覆盖近500多个县乡，两万余个村庄。在阿里巴巴的农村物流网络中，搭建了县城仓储网络，并通过大数据分析、预测将农村地区热销的家电、农具等提前铺货到县级仓库，完成了农村电商物流的快速响应，可实现全部订单最晚次日送达，五成订单当日即可送达的效率。对商家来说，大数据支持下的云库存可以帮助他们了解农村市场需求分布，大幅减少商品的配送时间。

5. 阿里巴巴的菜鸟驿站

菜鸟驿站作为阿里巴巴解决“最后一公里”难题的主要手段，目前主要与个体、连锁店、物业和校园进行合作。菜鸟驿站通过代收服务费、增加客流量等方式吸引各方加盟。一般校园里的菜鸟驿站会选择以学生创业为主的方式加盟经营，而在居民小区的菜鸟驿站则与品牌物业进行合作经营，其他菜鸟驿站与喜士多等连锁店和个体进行合作，通过整合社会资源形成覆盖全国的末端配送及相关的服务网络。菜鸟末端网络驿站的主要服务包括自主取件、寄件、代收货款等。菜鸟驿站的加入门槛相对较低，平台有一定的隐私保护能力，为了方便周边客户的电商网购，末端网络的布局也越来越稠密，仅在社区和学校开设的菜鸟驿站就有近5万余个，高密度的末端配送网络给阿里巴巴电商业务提供了有力支撑。

6. 阿里巴巴的裹裹 APP

以往各大快递均为自主查询，每一个订单的派送商不尽相同，查询起来相当麻烦。阿里巴巴推出的裹裹APP，集查件、收件、邮寄等功能于一体。除了对接卖家和客户，菜鸟裹裹还连通了阿里旗下几乎所有类型的电商交易平台，消费者在网购中常用的淘宝物流详情页面就是由菜鸟裹裹提供的。菜鸟裹裹将卖家、用户和阿里平台及阿里巴巴物流生态圈中的相关企业联系起来，蕴含了物流众包等多种商业潜能。

（二）阿里巴巴物流生态圈的核心能力

阿里巴巴物流生态圈的主要能力体现在两个方面：一是仓配一体化服务。菜鸟物流充分借助信息平台和信息技术，并进一步借助大数据分析技术将电商物流仓储和配送进行了无缝衔接，实现了一体化联动服务。二是个性化仓配服务。菜鸟物流针对不同的卖家和客户提供不同的差异化仓配物流服务，定制化的仓配服务是其一大优势。

（1）仓配一体化服务。①就近入仓。货物能够利用菜鸟在全国范围设立的集散点完成就近入仓，商家只需要将货物运输到离自己最近的集散中心就可以。②上门揽件。对于某些区域卖家聚集的情况，菜鸟物流提供上门提货服务，更好地促使卖家加入菜鸟仓配物流生态圈网络。③分仓和补仓建议。菜鸟物流对平台上的卖家提供数据分析服务，对平台上的顾客进行画像分析，为卖家提供销售趋势建议。另外，通过数据分析的结果为卖家分仓和补货提供依据，有效地降低了商家货品调拨成本。④托管服务。针对仓储运营能力不强或者想简化仓储运营的企业，菜鸟物流可以为卖家提供全过程的托管服务，只要是在平台上的合作成员都可以授权菜鸟进行仓储服务企业的委托，完成货品交易全过程的运作操作。⑤物流信息服务。菜鸟物流可以提供仓储管理系统的开发、订单管理系统的使用和对接、仓配管理系统、物流工具选择、订单抓取、企业资源计划系统对接等多种信息服务，从技术层面保障生态圈中的加盟企业更好地合作和联动。

（2）个性化仓配服务。①服务订购。商家可在菜鸟物流生态圈成员中选择合适的合作对象。②行业解决方案。菜鸟提供多行业产品的仓配管理一站式解决方案，包括小家电、生鲜、美妆、快消、大家电、服装、家装等，建立分仓体系，为商家们解决多渠道的物流问题，提供仓配一体的供应链解决方案。③消费者定制服务。包括预约配送与上门取退货，前者指消费者可以合理进行时间安排，自由选择收货时间，后者指消费者可在互联网平台上一键预约快递公司，上门取货代替消费者退货。

三、阿里巴巴菜鸟物流仓配流程

菜鸟物流仓储和配送流程比较规范，几乎涵盖了阿里巴巴全套的物流业务：仓储、配送、跨境物流、农村物流和菜鸟驿站等。菜鸟物流生态圈搭建了全网物流链路，将仓储和配送物流服务企业吸纳入圈，并将不同企业的数据资源进行整合，为客户提供数据赋能、数据产品和仓储与配送物流的解决方案、跨境电商规划方案等增值服务。

仓储配送服务主要是给阿里旗下各线上平台的卖家及买家提供的。菜鸟物流与卖家签约后，针对需要仓库委托代管的卖家，菜鸟物流可以进行产品库存管理并直接提供根据平台订单的发货服务；对于自管仓库库存的卖家，菜鸟物流不进行仓储代管服务，但可以负责物流配送的自主智能安排。如果卖家选择仓储和配送一体化运作的服务，菜鸟物流会定期将卖家的货物运送到天津、武汉、上海、广州等大型仓储中心，消费者只要下单后，货物将会从最近的仓库中发货，末端的运输和配送都是由菜鸟加盟物流企业完成。另外，实施仓储和配送一体化的卖家将享受菜鸟库存预警提醒，当仓储中心的货物库存下降到一定数量时，菜鸟大数据系统会根据系统进行智能估算，及时通知卖家进行补货，这是菜鸟物流生态圈仓储和配送一体化运营的整个过程。阿里巴巴物流仓配运作流程如图 7-1 所示。

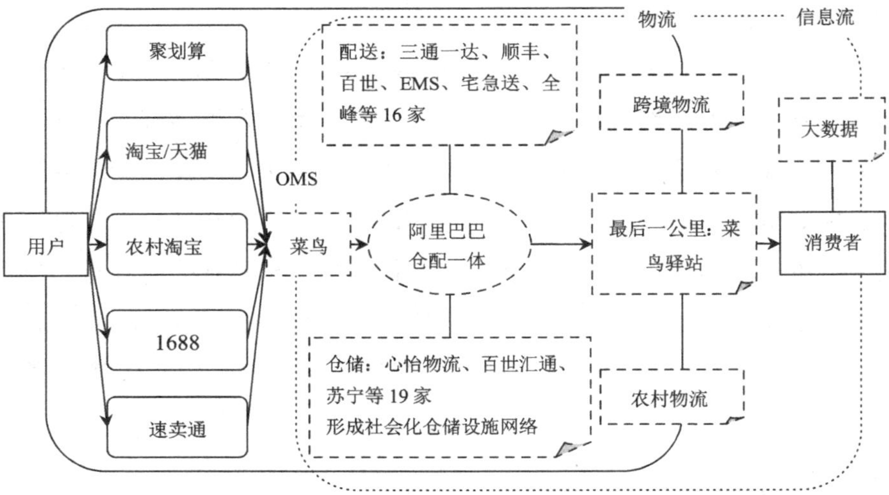

图 7-1 阿里巴巴物流仓配流程

阿里巴巴的仓储和配送一体化网络可以从纵向和横向维度来认识。从纵向维度来看，阿里巴巴的菜鸟物流将线上和线下各个渠道进行了融会贯通，对不同的客户提供差异化特色服务；从横向维度来看，阿里巴巴的仓储和配送网络及资源分布是覆盖国内外的，同一类型的企业形成了集群规模，能够更好地服务客户，实现货通全球。纵向维度的一体化主要体现在物流模块，用户在不同的线上平台下单，菜鸟物流进行订单信息的整合，并通过菜鸟的仓储和配送网络送达消费者手上，充分体现了纵向一体化的高效。横向市场的延伸及客户的扩展得益于菜鸟网络强大的信息分析和处理能力，菜鸟物流将订单管理系统中的信息数据对接到仓储和配送物流信息平台，通过后台处理完成数据的整理、汇总和分析，生成决策支持信息，从而为合作客户提供数据产品及决策参考。

四、阿里巴巴物流生态圈的结构

阿里巴巴菜鸟物流所构成的平台型电子商务企业物流生态圈是典型的联盟物流生态圈，具有联盟型生态圈系统的“星系型”结构。菜鸟物流作为联盟中的盟主企业，为生态圈系统建立了共享的物流信息平台。阿里巴巴电子商务平台的背书，促使各个种群企业在资源需求的驱动下，聚集在菜鸟物流周围，这些企业通过信息共享实现与菜鸟平台或其他企业的协同。关键种群的交易活动通过电子商务平台转化为物流需求，驱动由其他种群组成的智能物流骨干网完成物流活动。把从物流活动中获取的相关数据共享给电子商务平台，供电子商务平台进行数据挖掘，匹配更多的物流需求，如图 7-2 所示。

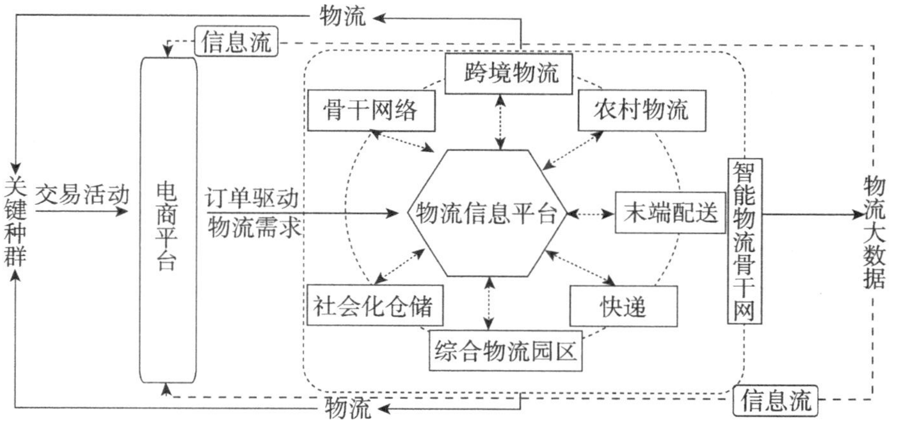

图 7-2 菜鸟物流生态圈结构

五、阿里巴巴物流生态圈的协同演化过程

生态圈系统不同时期的种群互动关系存在一定差异。在初创阶段，种群间的互动关系呈现松散化的特点。此时生态圈系统尚未建立完善的物流信息平台，领导种群通过在基础设施建设方面进行大量投资，以参股、招标等多种形式吸引合作伙伴的加入，初步完成了生态圈系统雏形的组建。在发展阶段，种群间的互动关系出现协同倾向。此时生态圈系统中的种群数量达到一定规模，信息平台的建设初见成效，生态圈系统内的协同成本降低，种群选择互不协同的概率降低，领导种群的引导作用凸显，其他种群围绕着领导种群的需求进行自我调整，参与物流骨干网的建设。在成熟阶段，种群互动关系呈现高度协同。覆盖全国的智能物流骨干网提升了生态圈系统的整体收益，种群协同收益上升，种群选

择协同策略的概率增大，促使生态圈系统内呈现出紧密的协同关系，不同种群互相依赖，围绕生态圈系统的共同目标完成价值共创，形成了以菜鸟物流为核心的平台型电子商务企业物流生态圈。

（一）阿里巴巴物流生态圈的自演化过程

菜鸟物流的联盟物流生态圈与商业生态圈系统类似，经历了初创期、成长期的生态演化过程，发展成为一个成熟的平台型电子商务企业物流生态圈。该生态圈系统的自演化过程与商业生态圈系统演化过程相似，分为初创期、成长期、成熟期与衰退期，目前，菜鸟物流生态圈还处于成熟期。

在生态圈系统的初创期，生态圈系统领导种群致力于完善筛选机制，吸引物流服务提供商进驻，建立信息系统。在菜鸟物流的联盟物流生态圈建立初期，为了确保生态圈系统功能的完整性，菜鸟物流致力于吸引物流服务提供商加入联盟。由于其背靠全国最大的电子商务平台，因此联盟本身对于大部分物流服务商而言极具吸引力，在短时间就与大部分全国排名前列的物流服务提供商达成了联盟契约。在这个联盟的基础上，菜鸟物流对于加入联盟的成员有着较高的筛选标准，加入联盟的物流服务提供商主要分为快递类、仓配网络、跨境物流、配送站点、农村物流五类。以其中的快递类为例，联盟仅选取了在全国排名前列的16家企业，并在生态圈系统运作过程中实时监管，对服务水平不达标、协同能力差的成员进行剔除。在每一个成员进入系统前，生态圈系统就考虑到了成员间的战略协同。

菜鸟物流作为生态圈系统的核心，为了提高生态圈系统内的信息沟通效率、提升物流服务质量，会通过先进的物流信息技术和物流信息系统的应用和推广实现物流合作成员之间的高效联结和协作。另外，菜鸟物流建立的是主系统，也允许合作伙伴适配开发各自的后台系统，把物流信息全部从手动化转变为电子化，快速完成了从仓储端到配送端的全流程信息协同。

在生态圈系统的成长期，领导种群关注如何构建布局全国的仓配一体化网络。在菜鸟物流建立的联盟物流生态圈中，仓配网络是物流骨干节点。通过与联盟中的心怡科技、百世汇通等物流企业合作，在全国布局了八大中心仓，并在此基础上整合了其他小型社会仓储资源。另一方面，将仓储、运输、配送和末端网点等物流服务主体接入管控平台及系统，打通了生态圈系统内部所有的物流通道，将所有参与主体串联起来，达成了生态圈系统内部功能上的协同。

在生态圈系统的成熟期，领导种群逐渐完成功能模块的整合并尝试探索更多发展可能。随着菜鸟物流平台型电子商务物流生态圈的规模不断扩大，作为领导种群的菜鸟物流也在不断拓展生态圈系统的功能边界。开辟新的功能领域主要有两个方向：一是在传统物流服务领域提供差异化服务。以仓配服务为例，在传统服务的基础上开拓了针对电器、生鲜、美妆、家装、数码等多个领域的专业性服务，让生态圈系统中的成员进一步专业分工，提供更高水平的物流服务。二是深入开拓物流服务的种类。基础的物流服务主要是仓储服务、配送服务、跨境电商物流。生态圈系统在保持原有结构稳定的前提下，逐步开拓了供应链金融、物流云平台、快件信息平台、智慧物流、物流解决方案等十余种新型服务，并吸收了更多的成员加入生态圈系统，保障生态圈系统跟上环境变化的步伐。随着电子商务交易规模的不断扩大，加之生态圈系统内部专业分工进一步明确，即生态圈系统内的成员数量与规模达到了前所未有的庞大，但没有影响到生态圈系统内部的协同关系。资源池广度与深度的发展保障了生态圈系统的协同演化。

菜鸟物流生态圈在自演化过程中，领导种群围绕对生态圈系统的预先设想，不断打破生态圈系统内部的均衡状态，促进生态圈系统与种群完成协同演化。首先，通过搭建物流信息平台与智能物流骨干网络，并要求所有成员开放数据接口，完成接入，促进种群间实现了信息协同；其次，在数据挖掘的基础上，对物流需求进行清晰的划分，实现了生态圈系统内部种群的功能协同；最后，领导种群进一步尝试扩展生态圈系统功能边界，推动生态圈系统内部成员的更新换代，促进生态圈系统种群实现战略协同。

（二）阿里巴巴物流生态圈的交互演化过程

以菜鸟物流为核心的平台型电子商务企业物流生态圈的交互演化过程主要体现在菜鸟物流与外部环境的相互作用上。经过十余年的发展，我国电子商务物流行业从零开始，发展到快递规模全球第一，占全球快递总量的40%。电子商务物流业的飞速发展，促使越来越多的资金进入电子商务物流行业。各级政府高度重视电子商务物流行业，制定了行业标准，整顿了市场环境，给生态圈系统提供了良好的环境基础。

自2013年生态圈系统完成组建以来，以菜鸟物流为核心的领导种群投入了大量资源用于提升社会化物流服务，促进了我国电子商务物流行业的发展。为了建设国家智能物流骨干网，生态圈系统领导种群投入的资源数以亿计，并宣称未来将继续投入上千亿元用于国家智能物流骨干网的完善。国家智能物流骨干网的建设，不仅促进了生态圈系统本身的协同演化，更为我国制造业争取了更多的利润空间。

"新零售"概念的提出，推动更多的平台型电子商务企业组建了电子商务企业物流生态圈。京东将其物流体系独立为子公司，提供社会化物流服务。苏宁最初自建物流体系，随着业务的发展，苏宁将天天快递纳入自己的生态圈，用其助力客户的物流服务体验。在这种竞争环境下，以菜鸟物流为核心的平台型电子商务企业物流生态圈也不甘落后，先后入股了中通、圆通、百世、申通等多家快递服务企业，还入股了专注于仓储建设的心怡科技、专注于干线运输的卡行天下、专注于地图服务的高德地图等。平台型电子商务企业物流生态圈的单日物流处理量也从几年前的百万级别跨越到目前的上亿级别，全社会的电子商务物流效率因为生态圈系统间的竞争而飞速发展。全行业开始发力打通上下游，连接所有流通环节，建立高效的物流生态圈。

在技术方面，菜鸟物流投资了数十家技术创新企业，在先进的信息技术方面，如人工智能、大数据、云计算等领域都取得了较大的突破。拣货机器人、无人机配送、无人运输车等先进技术开始应用于生态圈系统中，进一步提升了物流效率。受此影响，京东物流、顺丰速运都在开发和使用智慧物流技术，以期将物流服务从劳动密集型向智慧决策型转变。在这种转变过程中，国家发改委提出智慧物流应关注降本、增效、提质等方面的技术研究，早日实现物流行业运作技术的根本性变化。

回顾生态圈系统的演化过程，在市场环境、技术、政策及竞争环境的综合影响下，生态圈系统不断地向新的阶段前进。随着生态圈系统的不断壮大，社会影响力越来越大，加入生态圈系统的成员越来越多，生态圈系统的协同演化也会反向影响着外部环境。与外部环境互相影响、互相进步是生态圈系统交互演化的过程。

六、阿里巴巴物流生态圈的构建经验与启示

菜鸟物流在 7 年时间内，从松散的“平台型电子商务+第三方物流”发展为覆盖全国的“巨无霸”平台型电子商务物流生态圈，除了其电子商务平台的交易规模不断扩大外，还在于菜鸟物流在演化过程中不断调整演化策略，保证生态圈系统的协同演化。通过阿里巴巴集团采取的一些关键措施，菜鸟物流生态圈不断成熟。

（一）建立菜鸟仓配流程标准

菜鸟物流联盟已统一了仓配运作流程与模式，而且还规定了每个流程节点的标准，包括入仓标准、收货标准、发货标准、数据标准及费用标准，并配有相应的培训视频与文档。完成了电子面单的推广，卖家充分利用菜鸟仓配一体化平台上的电子面单数据，可对配送线路进行合理规划，提前预测包裹量，为提前备货提供建议。

菜鸟仓储和配送网络因为参与成员众多，所以在流程标准化推行深度方面还有待加强。仓储和配送物流的加盟企业应依据菜鸟物流的入仓标准、收发货标准进行相应的操作。在整个运作过程中，为了确保仓配流程的标准化推行，可以引入适当的考评机制和奖惩办法。另外，菜鸟物流对末端网络的定位服务还有待精细化和精准化，要确保末端地址解析的准确性，同时对于仓储和配送及仓配一体化服务的费用、订单处理

的费用、增值服务的费用等报价及说明应该基于更广泛的市场调查，根据当地经济发展水平和企业的规模进行适当的灵活处理。

（二）打造“地网”仓配联盟

菜鸟物流线下运作部分主要是指中国智能骨干网的“地网”，主要是通过物流网络节点及末端配送节点的规划和运营，实现高效、可视、协同的数字化仓储和配送运营。目前，天津、杭州、广州、武汉等核心城市已经被列为“地网”中的枢纽城市，菜鸟物流在这些城市会通过“自建+合作”的方式加强仓储设施的布局，并加大呈现仓储与配送联盟的实施效果。

菜鸟物流联盟在阿里巴巴集团的组织下已基本完成实体层面的合作，也建立了相应的利益分配机制，但是距离“世界级的物流中心”这一目标还比较遥远。菜鸟物流联盟与8家仓配企业达成战略合作，占总联盟成员的比例约为10%。因此，“地网”仓配联盟应着重加强战略联盟关系的建立，通过协商沟通与仓配企业签署战略合作协议，以促进标准化的推广和实施。此外，从构建联盟学习机制与实现资源共享机制两个方面建立联盟信任机制，使物流联盟伙伴间的信任关系更加牢固。

（三）搭建“天网”信息系统

阿里巴巴的“天网”具体是指阿里与卖家、消费者、菜鸟物流、物流服务企业之间的数据共享平台。具体过程包括阿里通过业务口搜集的海量数据进行基础分析服务，并提供底层技术，让快递物流接入菜鸟平台，从而构建菜鸟物流大数据网络，以更好地提升物流服务质量和服务效率。“天网”的功能模块主要包括以下几个。①商品管理。通过逐条录入或EXCEL表格导入已上架商品的信息。商家也可依据商品编码/条形码、商品名称实时追踪商品，了解其在库信息。②库存管理。包括存储管理、入仓管理、出仓管理、调拨管理。存储管理功能可设置库存确认规则、确定入库单信息、查看库存。入仓管理功能可对商品入仓的信息进行管理，在线生成入库单。商家将仓单信息提交仓库。仓库在收到货后进行核对，核对完毕后将入仓信息进行同步。出仓管理功能包含对商品出仓信息和配送信息的管理。仓储中心根据订单分拣商品，由配送服务商将其运走送至客户手中。同时，仓储中心将配送日期、配送服务商信息、商品品类和数量等全部数据同步给商家，商家可进行查询跟踪。调拨管理功能提供了商品在不同仓储中心移动的凭据。③订单管理。制定调度规则后，即可将电子商务平台的订单流转到“天网”中。订单信息包括收货地址、商品的仓储情况、商家信息等。商家将订单信息同步到对应的商品仓库管理系统，可由仓库进行商品出库的运作。商家可通过订单管理功能修改订单信息。④费用管理。对商家、配送服务商、仓储服务商之间的费用结算进行管理。⑤服务管理。商家可对仓配服务商的服务水平进行评价打分，将评价结果直接反馈给仓配服务商，促使其修正物流服务细节。

为持续推进仓配一体化进程，菜鸟物流联盟接下来应尽可能实现订单信息、物流信息、商家信息等全面信息的连接，仓配流程全面实现电子化操作，物流生态圈企业通过应用程序编程接口参与菜鸟“天网”平台，开启电子商务仓配的自运营体系。此外，WMS 系统的自主研发也极为重要，通过统一的仓储管理系统对仓储商进行规范化管理，并能够通过系统实现互动交流。系统后台所有大数据应进行规律性的运算，能够生成联盟成员的物流服务水平报告，促使物流企业改善仓配服务。

（四）阿里巴巴物流生态圈带来的启示

1. 发挥领导种群优势，构建稳定的联盟物流生态圈结构

领导种群的技术能力、整合能力和领导能力都对生态圈系统的演化发挥着至关重要的作用。具有更强领导力的领导种群可以建立结构更加稳定的生态圈系统，并通过对生态圈系统的演化路径与方向进行调整、建立生态圈系统内部的协同机制、配置资源并协调内部关系等方式促进生态圈系统良性发展。

在生态圈系统组建初期，菜鸟物流为了完成从松散的第三方物流到物流联盟的转型，与物流行业多家“领头羊”企业达成了联盟合作，形成了在电子商务与物流行业都极具优势的领导种群。基于电子商务平

台与专业物流企业的强大实力，领导种群为生态圈系统内的成员提供共享的基础设施、信息系统和品牌背书。充分发挥领导优势、管理优势和资源优势的菜鸟物流，在初期就已经建立了足够稳固且庞大的生态圈系统，在生态圈系统竞争中获得了极大程度的领先。

2. 建立合作机制与行为约束机制

菜鸟物流在建立平台型电子商务企业物流生态圈初期就制定了合作与行为约束相关机制。菜鸟物流没有参与生态圈系统内任何具体的物流服务，却斥巨资建立了业内领先的“天网”与“地网”。“天网”是涉及生态圈系统所有方面的信息平台，“地网”是覆盖全国的智能物流骨干网络。生态圈系统中的所有成员都必须接入这两个网络平台，从而在运作层面实现信息协同与资源共享。领导种群也能通过“天网”与“地网”高效地完成数据收集、数据分析、数据分享和资源分配，对所有成员进行统一管理，对所有资源进行迅速调配，种群间的信息实时同步，大大降低了协同过程中的信息搜寻成本。同时，菜鸟物流投入了超过10亿元的启动资金，用于生态圈系统内种群的设备升级、协作补贴，帮助中小企业建立企业内部信息系统，完成了生态圈系统网络的对接，构建“物流利益共同体”。菜鸟物流还投入了大量的资源用以开发与应用先进的智能技术。目前，生态圈系统内的所有成员都使用了“电子面单”、可视化系统，还在部分核心节点应用了人工智能、无人机、无人车等多种先进技术，让每一个加入生态圈系统的成员都可以享受生态圈系统的技术优势，极大地降低了种群间的协同成本。另外，菜鸟物流还建立了统一的物流运作流程与物流服务标准，建立了考评机制，加强了各个种群内部运营过程中的协同关系。在这个资源共享、责任共担的物流生态圈系统中，菜鸟物流提供了具有网络外部性的物流平台，协调种群间和种群内的利益冲突，使物流生态圈系统可以安然度过充满波动的初创期。

3. 拓宽生态圈系统整体的生态位

以菜鸟物流为核心的领导种群，通过扩大电子商务平台规模，吸引更多类型的电子商务交易主体进入，大大增加了电子商务平台中物流服务需求的种类，并且，通过深挖不同客户的个性化需求，拓展了如半日达、次日达、货到付款、上门安装等服务种类。更多样的需求促使生态圈系统内部出现更加专业的分工，从而逐渐降低同类种群内的不同成员生态位的重叠程度。如同样是仓配服务，菜鸟物流就衍生出了服装鞋帽、3C 数码、食品与保健品、小家电、美妆护肤、洗护六大类解决方案，每一类业务都由不同特点的物流服务商完成。例如，服装鞋帽仓配解决方案就针对该行业款式繁杂、退货量多、季节性强和需要干燥通风的存储环境，选用的服务商是仓储面积大、分拣能力强、逆向物流速度快的物流服务企业。

除了提供多样化的需求，作为领导种群的阿里巴巴还不断地加深生态圈系统内部资源池。通过广告宣传、补贴推广、促销活动，大大地提升了电子商务平台上的交易量，伴生的物流需求也日渐庞大。当资源足够多时，种群生态位即使出现重叠，也不会引起激烈的竞争行为，反而会促进种群间的合作。以快递企业为例，在菜鸟物流生态圈中的快递类企业众多，仅上市公司就有 5 家，而菜鸟物流生态圈单日最高快递运送数量超过 1 亿件。面对如此庞大的快递服务需求，各家快递企业也愿意服从阿里巴巴作为领导种群的物流生态圈的统一管理，通过加入阿里巴巴物流生态圈与同行企业共同服务于客户需求，从而共同获利。这是平台型电商企业物流生态圈种群内部的协同演化过程，在这个过程中同行企业之间不再为了抢夺业务而进行“价格战”或者“针锋相对”的竞争，而会体现出更多的协同合作精神，同行企业之间可以取长补短，可以共享各自的优势资源，通过抱团合作从而实现规模经济效应。随着客户需求的不断多样化，平台型电商企业物流生态圈不断演化，物流服务企业也在不断调整自身的战略及发展思路，逐步意识到只有协同合作才是对企业发展最有利的，物流服务企业会选择与平台型电商企业及其他物流服务企业共同实现协同演化，最终达到稳定发展状态。

第八章　协同视角下平台型电子商务企业物流生态圈构建策略

一、充分发挥平台型电子商务企业领导种群的带头作用

为了促进平台型电子商务企业物流生态圈系统稳定的演化和内部协同关系的形成，领导种群需要发挥管理、监督的职责。领导种群可以从加强领导种群的领导能力，降低种间协同成本；拓宽生态位并扩大生态圈系统的资源总量，增加种间协同收益；建立合作共享与行为约束机制；完善利益分配机制，促进种内协同关系等方面采取一系列的措施。

（一）加强领导种群的领导能力

领导种群的技术能力、整合能力和领导能力都对平台型电商企业物流生态圈系统的演化发挥着至关重要的作用。从平台型电子商务企业物流生态圈系统演化动力来看，无论是联盟型物流生态圈系统还是自建型物流生态圈系统，领导种群都是生态圈系统内生动力的来源。领导种群应加强自身领导能力，引导生态圈系统成员积极互动，参与生态圈系统协同演化过程。具有更强领导力的领导种群可以通过对物流生态圈系统的演化路径与方向进行调整、建立生态圈系统内部协同机制、配置资源并协调内部关系等方式增强物流生态圈系统的稳定性，从而促进物流生态圈系统良性发展。

（二）拓宽生态位并扩大生态圈系统的资源总量

平台型电商企业物流生态圈系统内的协同竞争关系取决于种群间生态位的重叠程度，为了促进种群和种群内部个体倾向于选择协同策略，领导种群应尽量拓宽生态圈系统整体的生态位宽度，保证每个功能层的种群都占据足够宽度的生态位。

（1）领导种群应加强与平台上客户的交流，根据个性化的客户需求提供不同的物流服务，拓展平台上的物流服务种类，使处于同一种群的个体可以占据不同的生态位，降低个体选择竞争策略的概率。

（2）领导种群应建立更高品牌知名度，吸引更多的消费者进入物流生态圈系统，充分发挥平台电子商务企业的网络外部性，加深物流系统内的资源深度。当资源足够丰富时，即使存在一定的生态位重叠，种群也可以获得足够的能量，不会选择对抗性竞争策略。

（3）领导种群应完善生态圈系统内部的分工机制，将每一个种群安放在合适的功能层级与能力节点上，尽量避免生态位高度重叠的现象发生，引导物流生态圈系统成员完成专业分工，实现生态位的合理配置。

（三）建立协同共享与行为约束机制

平台型电子商务企业物流生态圈的领导种群应建立以协同为基础的合作共享机制，通过信息共享、资源共享、目标协同和战略协同，增加种群间的耦合强度。在协同过程中，以领导种群的强势地位建立生态圈系统内部互相信任的能量交换网络，加强种群间的互动，减少无形交易成本，降低协同成本。领导种群还应根据合作机制对生态圈系统内的成员进行筛选，选择具有互补优势或者替代效应的合作伙伴。为了促进平台型电子商务企业物流生态圈系统的协同演化，领导种群不仅要建立合作机制，并引导生态圈系统内的协同，还需要建立行为约束机制，明确物流生态圈系统所有种群都应遵守的贸易规则。行为约束机制的制定应考虑到避免恶性竞争，鼓励协同行为，对积极参与物流生态圈系统内协同行为的主体给予协同补贴，提高协同收益。同时，对违反规则、不愿意协同的、倾向于“搭便车”的“作弊者”进行惩罚和清理，提高竞争成本。

（四）完善利益分配机制

平台型电子商务企业物流生态圈系统是一个多成员、复杂性的网状系统，其产生的价值远大于所有参与主体独立运营创造的价值。作为生态圈系统的核心，平台型企业要建立合理、公平的利益分配机制，根据不同主体的贡献度制定公平、合理、多赢的分配协议。通过利益分配机制明确物流生态圈系统成员各方的权责和义务。由于平台型物流生态圈系统存在网络外部性，而且不同价值链存在着交叉，因此利益分配机制不仅要从供给侧考虑，还应该从需求侧进行考虑，需对不同成员的贡献度进行区分，增强种群的向心力，提高生态圈系统成员选择协同策略的概率。

平台型电子商务企业应充分考虑如何合理分配利益，避免成员由于利益分配不均产生的摩擦。平台型电商企业物流生态圈成员间的利益分配比较复杂，主要是由于没有既定的行业标准。因此，平台型电商企业物流生态圈的合作成员之间一般根据在仓储和配送物流中的流程分段进行利益分配，具体可以分为四段：最先一公里为一段，仓储到各派送点为一段，末端网点的配送为一段，最后一公里为一段。每个阶段都有不同的利益分配方案，按照运送费用或者货品价值来制定。平台型电商企业制定所有成员都能接受的利益分配标准，考虑参与合作的成员所做出的贡献及承担的成本和风险等因素。主要遵循以下几个原则：①最优化原则。平台型电商企业需要加盟合作的物流服务企业的综合实力及能力，根据各企业的基础条件并考虑仓储和配送的客户需求及其他方面的影响，构建尽可能全面、合理的利益分配机制，然后经过与合作企业的共同商讨来确定实施方案，最终实现与各个参与企业的稳定均衡。②利益与风险匹配原则。在确定不同的物流服务企业利益分配比例时，应该考虑该企业在业务操作过程中承担的风险，风险承担较大的企业应该得到更多的收益补偿。③一致性原则。以平台型电商企业为主导的利益分配机制需要得到合作企业的认可，只有在供应链所有成员都达成一致的时候该机制才会生效。

二、创建平台型电商企业标准化物流仓配流程

平台型电商企业物流生态圈的构建离不开仓储和配送流程的贯通，

这对仓储和配送的流程都提出更高的要求，要实现平台型电商企业仓储和配送一体化集约管理，必须建立平台型电商企业标准化的物流仓储和配送流程。一方面，根据客户和物流需求，平台型电商企业及物流服务企业需要将现有的仓储和配送流程中的关键点进行梳理，尤其对仓储和配送衔接的部分，必须要建立统一的规范，通过信息流的打通达到客户的需求和物流服务商同步的服务的目的，减少中间不必要的环节。另一方面，为了使物流服务企业的配合更加紧密，平台型电商企业要将仓储和配送的标准化流程用标准作业程序文件确立下来，在实施标准化过程中进行相应的操作考核，促使物流运营流程的顺畅和既定物流服务绩效的实现。

平台型电商企业基于物流联盟的标准化仓配流程如图 8-1 所示。标准化的仓配流程主要包括入库作业、仓储管理、出库作业、配送管理、最后一公里五个环节，整个过程基于平台型电子商务企业线上交易平台，仓储管理系统 WMS（Warehouse Management System）、物流网络及企业资源计划 ERP（Enterprise Resource Planning）也都参与到仓配运作中。入库作业与出库配送作业是重点标准控制环节，对每个步骤都应进行标准化规定。平台型电子商务企业在与仓配联盟充分讨论的基础上，形成标准化操作文件，并在实际运作过程中不断更新和优化流程，同步修订标准化操作文件。

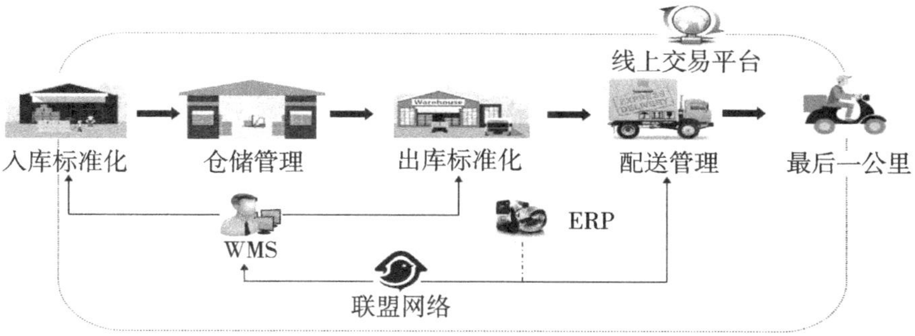

图 8-1　平台型电商企业基于物流联盟的标准化仓配流程

（一）标准化入库流程

平台型电商企业基于物流联盟的入库作业流程标准如图 8-2 所示。

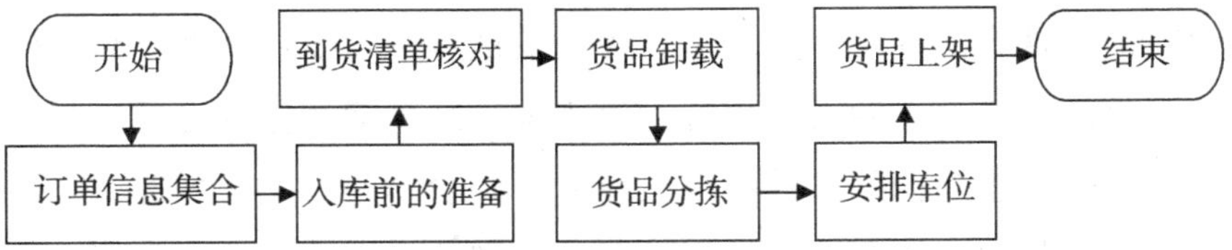

图 8-2 平台型电商企业基于物流联盟的入库作业流程标准

（1）订单信息集合。主要指订单的收集及汇总，平台型电商企业通过订单管理系统可以收集到不同客户的订单信息，这些信息成为平台入驻卖家补充库存的基本依据。

（2）入库前的准备。当卖家补充货物到平台型电商企业指定仓库的过程中，卖家可以实时跟踪车辆的在途及达到情况。

（3）到货清单核对。当运输车辆到达仓库后，根据随货清单进行查验，并对比信息系统中的提货计划信息，核对无误后确认收货。

（4）货品卸载。在确认收货后，由仓管员安排卸车工卸货，同时进行货品检验，检查包装有无破损、内物是否泄露、是否散落等，并检查订单号、数量、品名及基本属性、目的地等信息是否与清单一致，无误就办理入库，并实时更新库存数据。

（5）货品分拣。由仓管员通知分拣员按照物品属性及分类规则进行分拣、归类。

（6）安排库位。货品分拣完毕后进行货位分配，对货品贴上编码进行标识，同时利用扫描枪等自助信息采集设备将相应的信息收集上传到系统中。

（7）货品上架。仓储操作人员或者无人驾驶车根据入库指令，将货品存放至指定的库位，完成上架操作。

（二）标准化出库配送流程

平台型电商企业基于物流联盟的出库配送作业流程标准如图 8-3

所示。

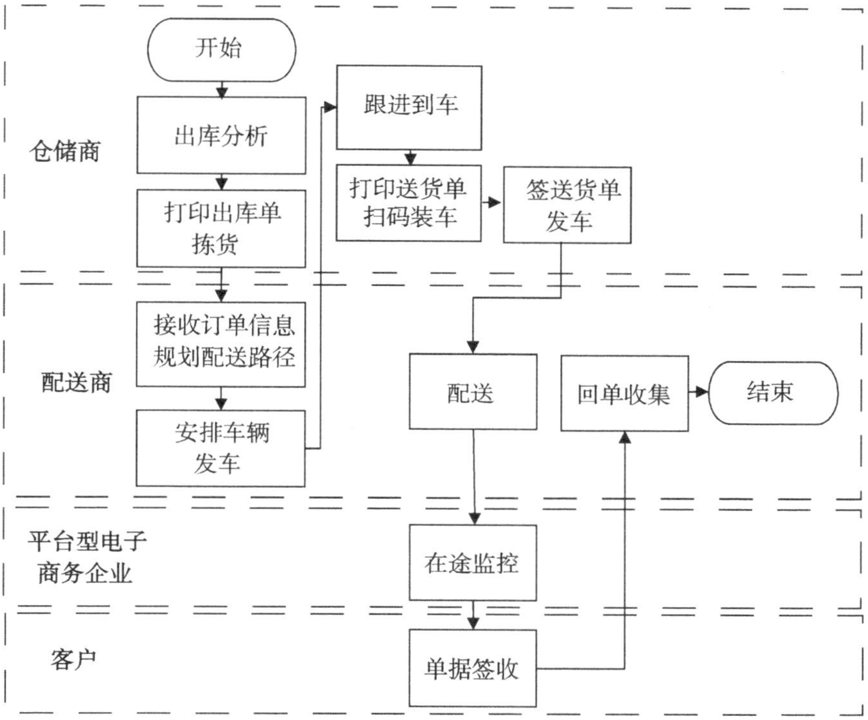

图 8-3 基于物流联盟的出库配送作业流程标准

（1）出库分析。分析计划出库订单，根据订单目的地、体积重量等信息制订出库计划。

（2）打印出库单并拣货。仓管员进入信息系统，勾选相应的出库单进行打印，安排拣货人员或者自动分拣机器进行拣货。

（3）接收订单信息并规划配送路径。配送商接收仓配一体化信息系统同步的订单信息，结合目的地、体积、重量等信息，规划最佳配送路径。

（4）安排车辆并发车。配送商整合车辆资源，根据已规划的配送路径安排车辆和配送员，进行发车。

（5）跟进到车。仓储商查询并联系对应的配送商信息，跟进车辆到达情况。车辆到达后，配送负责人进行安全检查。

(6) 打印送货单并扫码装车。在系统相应的界面打印送货单，对货品进行扫码装车。

(7) 签送货单并发车。仓管员和配送员都应在相应的送货单上签字，配送员随车带走送货单。装载完毕的车辆陆续发车。

(8) 配送。配送员按照指定路径和时间，将货品配送至客户指定地点。

(9) 在途监控。仓配一体化信息系统控制中心可通过全球定位系统及地理信息系统、可视化监控设施等进行车辆实时跟踪，处理异常情况。

(10) 单据签收。客户确认货品包装完好无误后，在纸质单据或电子面单上签字确认。

(11) 回单收集。配送商接收配送员带回的纸质回单，核对回单数量与系统数量是否一致，并进行分类保存。

三、构建平台型电商企业与物流企业无缝衔接的仓配联盟

平台型电商企业物流生态圈中最重要的环节是仓储和配送的有效衔接，可以通过构建无缝衔接的仓配联盟来实现平台型电商企业与物流服务企业之间的紧密合作。具体可以从建立平台型电子商务企业与物流服务企业的战略联盟关系和建立平台型电商企业与物流服务企业间的信任机制等层面展开。

(一) 建立平台型电子商务企业与物流企业战略联盟关系

平台型电子商务企业应选择一些比较有实力的物流联盟成员发展成为战略合作关系，统一仓储和配送发展战略，通过协同合作实现共担成本和风险、共享利益，实现多赢。战略联盟关系与一般交易关系的不同在于合作双方的战略目标非常一致。在平台型电商企业与物流服务商合作运作过程中，平台型电商企业与物流服务企业及协同合作成员之间的企业文化和战略方向都比较一致或者互相认同，双方通过建立战略联

盟，能够形成较好的默契度和配合度，更容易实现整个仓配服务的效率提升及协同的稳定性，从而更容易实现常态化合作并取得长期竞争优势。

平台型电商企业物流仓配战略联盟关系主要表现为以合作的方式输出物流标准和服务价值理念，特别是共同开发一些物流产品项目，通过相互交换互补性资源而形成合作优势。战略联盟的成员彼此之间会有更多内部精细运作的交流与探讨。平台型电子商务企业可利用系统中的大数据重塑物流战略合作伙伴的业务流程，创造更加个性化的服务，甚至可以进行新概念的推广和试点。以阿里巴巴集团的菜鸟网络为例，菜鸟先后与苏宁物流、日日顺物流、申通速递实现全面战略合作，互相借助平台提升仓储配送区域的覆盖度，完善高效的物流体系建设，提升物流服务质量，并保证提供更多适应消费者需求的个性化物流服务。

平台型电商企业物流生态圈战略联盟成员的评价体系可从多方面进行考量，基本思想是判断物流服务水平的优劣，将所有影响因素进行组合形成方案，采用评价模型进行综合评分。一般来说，评价平台型电商企业物流生态圈物流联盟成员的服务水平优劣因素主要有三个类别，仓配标准化、仓配绩效及其他（见表 8-1）。

表 8-1　平台型电商企业物流联盟成员的服务水平评价因素

类　别	影响因素
仓配标准化	操作标准化、产品分类标准化、检验标识化、流程统一化、交接标准化、产品条码标准化、扫描标准流程化、包装标准化
仓配绩效	取件速度、包裹破损率、发件丢失率、及时发货速度、派件速度、客户投诉率、交接效率、审单速度、打单速度、工作态度、审单错误率、出入库速度、拣货速度、拣货出错率
其　他	工作区无障碍、专人专职专岗

惩罚淘汰机制主要是为了增加平台型电商企业物流生态圈联盟成员的失信违约成本，控制其违反合同条款及机会主义行为。惩罚条款必须

在合同中明确规定，并对平台型电商企业物流生态圈物流联盟成员重点强调，惩罚机制及明细可在联盟讨论中产生，保证所有成员均可接受。此外，建立联盟成员的历史绩效数据有助于回溯成员的机会主义行为，为淘汰机制提供行为保证。

（二）建立平台型电子商务企业与物流企业信任机制

要实现仓配一体化，仓配流程上各节点不仅要形成联盟，而且必须建立信任机制。信任机制意味着物流联盟伙伴间的信任关系牢固，在畅通交流的基础上了解彼此的合作经历、产品服务、发展战略等，相互依赖、共谋发展。和谐的联盟文化氛围对于推进物流联盟的相互信任有着重要的意义。信任机制的打造可从构建联盟学习机制与实现资源共享机制两个方面同时进行。

商业竞争中的可持续竞争力来自比竞争对手更强的学习能力。仓配一体化形成的物流联盟，在共同利益上有着天然的密切联系。平台型电子商务企业作为宏观调节角色，需重视联盟中组织学习机制的健全，有意识地提高人才结构与联盟结构中的知识交叉，提供学习交流的线上与线下平台，以便各方之间的顺利沟通。

资源共享机制的基础是数据，数据资源的联通能够大大提高物流联盟成员间的合作效率。建立相互连接的信息交流系统平台有助于实现物流联盟的虚拟共享，实现充分即时的信息交流。同时，整合配置包括仓配网络、设施设备在内的实体资源，交叉管理库存，减少重复配送成本，发挥协同效应。

四、搭建平台型电商企业物流生态圈联盟成员仓配一体化信息系统

仓配一体化对信息系统的要求比较高，平台型电商企业物流生态圈联盟成员可以通过信息系统实现紧密的合作关系，并能够实时掌握每个仓配环节的状态，从而实现更科学、合理的全局决策。

（一）仓配一体化信息系统的搭建原则

搭建平台型电商企业物流生态圈基于物流联盟的仓配一体化信息系统的原则主要有4项：①开放性原则。信息系统的用户具有多样性的特点，既有物流企业，也有平台型电子商务企业和商家，所以必须充分考虑平台的兼容性，满足不同物流联盟成员信息源的数据要求。②拓展性原则。基于平台型电商企业物流生态圈联盟成员的动态性及基础业务灵活调整，平台必须保持一定的拓展空间，未来能够以低成本进行功能拓展。③易用性原则。平台的构建应充分考虑每个用户的需求，包括平台型电子商务企业与协同合作的物流联盟成员，站在不同操作系统的角度上思考如何使系统更好使用，更容易提高工作效率，同时与电子商务企业交易平台对接，保证仓配信息传输的准确、及时。④安全性原则。进行平台安全监控，防止非法入侵等不良操作行为对系统进行攻击。对于突发情况必须提前设计应急处理方案，保证平台在发生故障时仍能稳定运行。

（二）仓配一体化信息系统的搭建目标

平台型电商企业物流生态圈基于物流联盟的仓配一体化信息系统是由物流联盟成员共同参与的信息分享平台，打破彼此仓配信息孤立的状态，实现交换互惠，资源整合。所以仓配一体化信息系统搭建的主要目标就是加强信息的沟通与交流，成为仓配信息的集散地，联盟成员可以从其中获取所需的仓配资料和信息，并进行互动交流。此外，强大的数据处理能力也是此平台的搭建目标，后台所有大数据进行规律性的运算，生成平台型电商企业物流生态圈联盟成员的物流服务水平报告，促使物流企业改善仓配服务。

（三）仓配一体化信息系统的结构

平台型电商企业与物流仓储商、配送商实现联动的仓配一体化信息系统具体结构如图8-4所示。

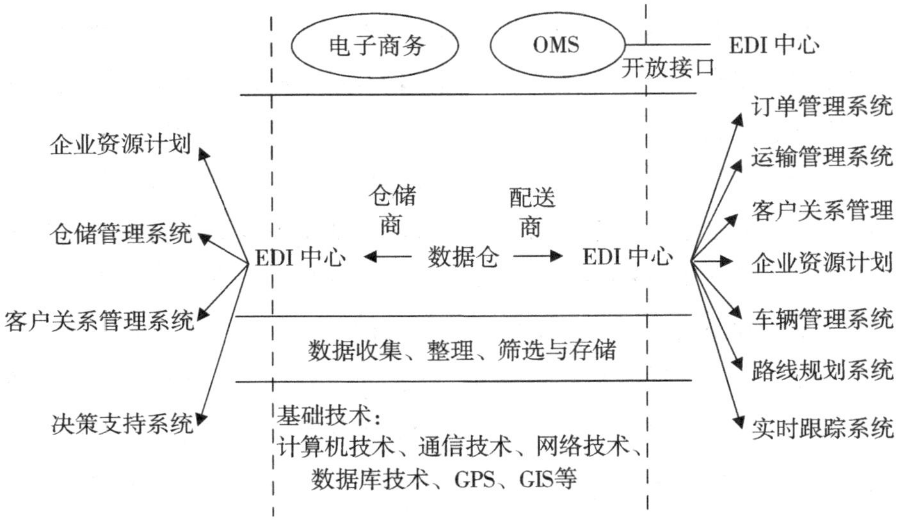

图 8-4　平台型电商企业基于物流联盟的仓配一体化信息系统结构

仓配一体化信息系统主要以数据仓为信息系统结构的中心，通过电子数据交换（EDI）技术能够分别实现与仓储服务商、配送服务商之间的数据交换、传递及处理。仓储服务商涉及的子系统主要有企业资源计划、仓储管理系统、客户关系管理系统和决策支持系统等；物流配送服务商涉及的子系统主要有订单管理系统（OMS）、运输管理系统、客户关系管理系统、企业资源计划系统、车辆管理系统、路线规划系统及实时跟踪系统等。仓配一体化信息系统的实现主要依赖计算机技术、通信技术、网络技术、数据库技术、GPS 和 GIS 等实现数据仓与平台型电商企业订单管理系统的连接，并通过数据仓的功能实现相关数据的传递、收集、汇总、整理、存储、筛选、决策分析等，为平台型电商企业物流生态圈供应链协同运作提供保障。

（四）仓配一体化信息系统的功能

从平台型电子商务企业和物流联盟的视角来看，仓配一体化信息系统的功能大致有两类：一是基于平台型电子商务企业的视角，分为订单管理、在途管理、客户管理、财务管理、报表管理、合同管理、联盟管理；二是基于物流联盟的视角，分为仓储管理、运输配送管理、在途管理、回单管理，具体如图 8-5 所示。

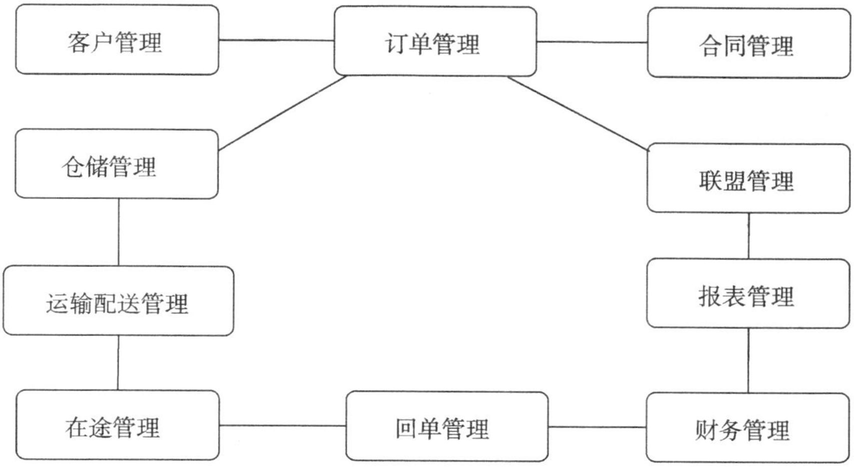

图 8-5　平台型电商企业基于物流联盟的仓配一体化信息系统功能

1. 基于平台型电子商务企业的视角

基于平台型电子商务企业视角的仓配一体化信息系统功能包括订单管理、在途管理、客户管理、财务管理、报表管理、合同管理、联盟管理，系统界面如图 8-6 所示。订单管理功能导入所有电子商务门户网站及移动终端应用程序接收的订单信息，包括货品信息、接收人信息、地址信息等。在途管理利用全球定位系统及地理信息系统可以保证货品在途跟踪，实时定位并回传位置信息。客户管理功能指平台型电子商务企业对商户及消费者的信息管理。财务管理功能指财务分析、税费管理、成本管理、结算管理。报表管理是对订单完成结算后回馈的信息进行整理，以此作为联盟成员的关键绩效考核依据。报表管理功能与财务管理功能可以合并。合同管理功能实现对所有签约合同的电子化整理，方便电子商务企业随时查询或处理。联盟管理功能实现对物流联盟成员基础信息的维护、更新等管理工作。

图 8-6　平台电子商务企业视角下仓配一体化管理信息系统界面

2. 基于物流联盟的视角

基于物流联盟成员视角的仓配一体化信息系统功能包括仓储管理、运输配送管理、在途管理、回单管理等，系统界面如图 8-7 所示。

图 8-7　物流联盟视角下仓配一体化管理信息系统界面

仓储管理功能是对不同订单承接的仓储企业进行库存信息的基本管理，包括货品存储位置信息、条码信息、库管员信息等。运输配送管理功能意味着物流联盟成员将车辆、配送员的基本信息导入仓配一体化信息系统中，保证电子商务企业能够通过系统查询或追溯配送信息。在途管理功能记录了车辆跟踪信息及在途事件。回单管理功能指配送服务商回传电子单据或纸质单据，并进行整理。

（五）仓配一体化信息系统的搭建步骤

仓配一体化信息系统的搭建可以分两步：第一步是平台型电商企业业务系统的内部一体化。第二步是平台型电商企业与卖家、物流服务企业的外部一体化。首先，在平台型电商企业内部，通过企业内部各个信息系统的使用和打通，实现内部流程的一体化，比如，对企业资源计划、企业订单管理系统、企业的仓储和配送系统、企业的客户服务管理系统等进行信息对接。其次，要将平台型电商企业与卖家及物流联盟成员组成的关键供应链进行有效的信息化连通，将平台型电商企业的业务系统与卖家、物流服务企业的信息系统等打通，保持即时交流及信息同步共享，从而实现仓储和配送一体化联动。

五、创建平台型电子商务企业专业物流服务平台

将平台型电子商务物流生态圈的建设与电子商务的发展结合起来，积极发挥平台型电子商务企业主体成员的力量，充分整合资源，吸纳更多专业物流服务企业加入平台型电子商务企业物流生态圈。平台型电商企业不仅可以实现卖家和买家的聚集，同样还可以将专业物流服务企业汇集起来，通过组建专业的物流服务平台对接电子商务交易平台，更好地让物流服务的规模效应发挥出来。物流服务平台与电商平台是无缝衔接的，商家的订单信息及仓储信息都能够实时更新，商家可以通过平台型电商企业建立的物流专业服务平台，选择自己所需价位和质量的物流服务企业，通过在线下单并完成与物流服务企业的匹配。同时，物流服务平台完成商家物流服务后要完成与电子商务平台信息的交流与反馈。

对于有物流需要的商家和客户来说，专业物流服务平台的存在能够给他们提供更多物流服务企业的选择，价格也更实惠；物流服务企业在平台上聚集可以形成优势互补，也可以形成良性竞争氛围，促使物流服务企业提升自身的物流服务质量和服务水平。一旦在电商交易过程中发生退换货的问题，专业物流服务平台也可以统筹调配资源，做到及时响应，这种模式不仅可以降低运营成本，还可以提高专业运作水平，让客户享受到更好的物流服务体验。

六、加强平台型电商企业物流服务质量建设

电子商务的市场环境及顾客服务要求的不断变化对配套物流提出了更高要求。为了获得更多顾客的光顾与信赖，很多电子商务企业在追求市场规模快速发展的同时也逐渐开始注重提高各方面的配套服务质量。如何对物流服务质量进行合理、有效的管理控制并提高企业物流服务决策的科学性，如何与时俱进地改善物流服务水平等都在很大程度上影响了顾客对物流服务的满意度和重复使用的可能性，进而影响到电子商务企业的市场竞争力。无论是自建物流的平台型电商企业，还是通过与物流服务企业合作的平台型电商企业，都应该提高参与物流生态圈企业的物流服务意识和质量，具体可以从以下 3 方面进行。

1. 重点提高物流服务的便利性

电子商务需对消费市场进行认真的调研，结合自身的运营模式，具体细化从用户在电子商务平台选购商品到最终用户拿到商品涉及的整个物流过程中，影响用户使用便利性的环节。

（1）加强支付方式多样化建设。目前电子商务仅支持微信和支付宝两种线上付款方式，同类产品京东到家除了常用的京东支付、微信支付、Apple Pay 外，还有“找人付”这一方式，无形中把购买产品的场景增加在了强关系链中，这种方式可在好友间进行传播，有利于形成口碑效应。对比其他同类电子商务平台，电子商务不支持线下付款方式。但线下支付一般在验货确认步骤之后，能很大程度上减少因商品质量问

题出现的反馈和投诉，从而提高顾客对电子商务的物流服务质量感知。

（2）增加收货时间和地点的灵活性。目前电子商务主要以配送员送货上门为主，由于在商品配送的1~2小时内用户可能存在临时有其他安排或不方便收货等情况，建议可考虑在目前已有的电子商务无人便利店中设自取服务，这样在节约配送成本的同时还能让用户收货有更强的灵活性；在没有无人便利店的社区可增设智能取货柜，以减少配送人员在等待用户收货上的时间损耗。

（3）提高退货流程的便利性。在电商物品退货过程中，要尽量免去联系平台客户、客户再联系相应的前置仓的过程，直接将用户的退货信息同步至前置仓的相关负责人员进行处理，尽可能地减少用户在退货过程中的烦琐手续及较长时间的等待。

2. 提高物流服务的响应性和专业性

（1）进一步完善冷链基础设备。应保证运输过程中设备的稳定性，尽量避免出现因设备问题影响产品的质量。在“最后一公里”配送时，应对易被撞击损坏的商品加强包装，同时随着当地室外气温的变化，尤其在夏天室外高温的情况下，对骑手手袋、泡沫箱等配送设备要做好升级。

（2）及时处理订单。直接将订单信息发送至前置仓，用户下单后由离用户最近的前置仓直接安排配送。可根据以往的订单数据做统计分析，提前将用户经常点的商品组合排放在仓库相邻位置，或提前进行组单，节约前置仓配送时间。在订单高峰期增加相关人员安排，做到高效、快速地拆包、质检、组单、集发。对仓储物资的存放进行有效的安排和规划，按照先进先出的原则，在尽量提高货物运转效率的同时降低仓储成本。

（3）提高物流服务过程中的信息化程度。在物流运输过程中进行严密精细的管控，完善物流信息系统，做到从原产地采购开始就实时监控商品的品质、运输配送的相关信息，增加顾客对产品和服务的感知。

（4）加快售后反馈响应。可考虑将客服设置为两个入口，常见问题直接点击后自动回复，遇到非预先设定的问题时直接跳转至人工客服。可以定期梳理人工客服已处理过的问题，把共性问题重新梳理解决流程放入预先设置的常见问题列表中，这样可以更加方便用户咨询和反馈问题。

3. 稳定保持物流服务的可靠性和保障性

（1）建立产品来源信息追溯体系。电子商务除提供安全检查报告及采购人员信息外，可考虑加入原产地环境介绍的相关短视频，也可通过区块链技术记录每种产品的信息，让用户更加安心地购买。

（2）完善用户意见反馈机制。建议在每次完成一个订单后，在订单页面引导用户进行评价和意见反馈，并通过 APP、微信、微博等渠道定期收集用户意见，以更好地了解用户的诉求。可根据客服的反馈记录建立一套内部员工的奖惩制度，确保每位员工都以用户为中心，以满足和实现用户的需求。

第九章　总结与展望

一、研究总结

电子商务行业和物流行业一直是政府、人民关注的行业，也是贴近人们生活的行业。越来越多的互联网巨头深耕于这两个行业中，也带动了一大批中小企业加入其中。随着管理理念的不断进步，形成了许多以大型平台企业为核心、以其他物流服务企业为主要成员的平台型电商企业物流生态圈，该生态圈的种群协作和资源获取行为都在动态变化中，通过竞合协同演化达到一定时期的相对稳定状态。

平台型电子商务企业物流生态圈是由五类种群（领导种群、骨干种群、关键种群、支持种群、缝隙种群）组成，各个种群保持着协同竞争的互动关系。生态圈系统内的内部动力与外部动力共同作用，促进生态圈系统协同演化。平台型电子商务企业物流生态圈内每个种群都占据着一定生态位，随着种群间竞争合作作用的深化，不同种群的生态位也不断发生着重叠、分离的过程。在这个过程中，种群为了达到生态位的均衡状态，会不断地修正自身的能力，从而互相影响、互相进化。生态位的重叠程度也影响着种群选择协同策略的概率。在平台型电子商务企业物流生态圈中，由于领导种群的主动筛选与引导作用，种群与种群之间会随着演化逐渐倾向于协同关系。种群内部的关系则会受到资源数量、个体倾向等因素的影响，出现协同竞争的情况。

本书综合运用了商业生态圈系统理论、生态位理论、演化博弈等理论工具，对平台型电子商务企业物流生态圈的组成与协同演化机理进行了综合研究，总结了三种典型的生态圈系统类型，并分析了不同类型的物流生态圈的结构，进一步提出平台型电商企业物流生态圈种群由于生存资源获取及能力提升的需求会产生不同层次的协同互动，主要分为种群间互动及种群内互动。平台型电商企业物流生态圈是在种群的互动过程中实现自演化和交互演化。按照供应链协同思路进行演化的平台型电商企业物流生态圈包括种间演化和种内演化两种。种群间的协同演化主要体现在平台型电子商务企业与物流服务企业间是协同共生关系，主要包括平台型电商企业部分外包物流服务企业的兼性共生模式和平台型电商企业完全依赖物流服务企业的专性共生模式，通过对构建两种协同模式对应的稳定性模型进行求解、仿真，进一步验证了平台型电商企业物流生态圈种群间的协同演化关系。种群内的协同演化受到协同程度、收益分配系数、单独发展收益、竞争收益、协同成本等因素的影响，通过构建平台型电商物流生态圈骨干种群中物流企业与物流企业的演化博弈模型并求解，借助仿真分析进一步验证了平台型电商企业物流生态圈中同一类型的种群企业也会选择协同演化的趋势。项目还对典型的平台型电商企业阿里巴巴所构建的物流生态圈进行实例分析，总结其物流生态圈构建的经验做法并提出一般性的平台型电商企业物流生态圈构建策略，以期指导电商企业物流的有序发展。

二、未来展望

平台型电商企业物流生态圈本身是一个复杂的网络组织，对其结构构成、主体间协同演化机理、演化进程、演化模型及构建策略等内容的分析需要考虑多方面的因素，也比较复杂。由于本人研究水平有限，项目中可能还存在一些不足及未来需持续关注的问题。

（1）平台型电子商务企业物流生态圈处于动态发展过程中，对于生态圈结构及协同演化分析也会处于渐进变化中，所以未来对于平台型电子商务企业物流生态圈的演化方向及演化过程仍需要保持密切关注。

（2）在平台型电商企业物流生态圈构建策略中，合作企业间的信任机制是保障生态圈构建及稳定运行的关键问题，但如何构建科学且完整的生态圈成员合作机制，如何恰当地进行利益分配，这些都是有一定难度的学术问题，需要根据成员间的合作模式及具体情境进行有针对性的分析。

（3）在平台型电商企业物流生态圈构建策略中提到了仓配一体化信息系统的构建，但没有考虑不同业务类型的平台型电子商务企业的个性化系统需求，对现实应用中的平台型电子商务企业仓配一体化信息系统设计还需根据具体企业业务类型的实际情况进行独立分析。

附　录

问卷编号________________

平台型电子商务企业物流服务感知调查问卷

尊敬的女士/先生：

您好！我们针对“供应链协同视角下平台型电子商务企业物流生态圈构建研究”课题有关问题进行调研，本问卷采用不记名的方式，对您的个人信息将严格保密，请您按照您的真实感受回答即可，您的意见和建议对我们十分重要，答案也没有对错之分。希望您能抽出宝贵的时间，根据自己的实际情况填写这份问卷。谢谢您的合作。

填答说明

平台型购物网站是指这样几类网站：

(1) 专业平台型。网站本身不直接针对最终消费者进行商品或服务的销售活动；网站上的商品或服务是由与该网站独立的其他商家或个人提供的；网站提供商品或服务的交易平台。例如，淘宝网、天猫网、拍拍网等。

(2) 综合平台型。网站是指网站既有自营业务，也有商家入驻。例如，当当网、凡客诚品、京东商城等。

请根据您的实际情况对合适的选项打“√”，需填写的部分请在空白处填写，如无特别说明，均为单选题。

---

1. 您的性别：

○男　　○女

2. 您有网购的经历吗？

○有　　○没有

3. 您最喜爱的网购平台是哪家？

○天猫 ○淘宝 ○京东商城 ○苏宁易购

○亚马逊中国 ○当当网 ○凡客诚品

○阿里巴巴 1688 ○其他

4. 它让您喜爱的原因是？[多选题]

○平台名气大 ○平台配送时间短 ○平台服务人员素质高

○平台中商品质量能够得到保障 ○根据所购买商品来确定

○平台商品性价比高 ○其他

5. 请问您平均一个月的网购次数一般为多少？

○1~3 次 ○3~5 次 ○5~8 次 ○8 次以上

6. 您认为物流配送服务对电子商务平台的重要性如何？

○非常重要 ○比较重要 ○一般 ○不确定

7. 请问您对网购平台物流服务的满意程度怎样？

○不满意 ○一般满意 ○满意 ○特别满意

8. 请问在生活中，您对以下物流服务描述项的满意程度？（1~5 分别对应相当不满意—相当满意，请在合适位置上打“√”）

描述项 / 得分	相当不满意	不满意	一般满意	基本满意	相当满意
	1 分	2 分	3 分	4 分	5 分
配送服务的及时性					
货物的完好程度					
包装的美观性					
客服服务态度					
配送人员服务态度					
物流信息及时更新					

9. 请问您一般下单后多久能收到货物？

○一天内 ○两三天内 ○一个星期内 ○一个星期以上

10. 请问您能接受的配送时间范围大概是?

○1 天内　○2~3 天　○3~5 天　○5~7 天　○7 天以上

11. 您在购物时有没有因为物流原因投诉过?

○从来没有　○有过一两次　○三四次　○五次以上

12. 您认为物流服务可以从以下哪些描述项来提高?[多选题]

○物流信息及时更新　○及时通知取件

○快递点妥善保管快件　○保护取件人信息安全

○取件点距离小区更近　○鼓励客户投诉　○其他

13. 在配送中您最看重的是什么?[多选题]

○服务态度　○送达时间　○货物送达的完整性

○配送信息的及时更新　○拿到货物所需的成本　○其他

参考文献

一、英文文献

[1]Abuhilal L, Rabadi G, Sousa-Poza A. Supply Chain Inventory Control: A Comparison Among JIT, MRP, and MRP with Information Sharing Using Simulation[J]. Engineering Management Journal,2006,18(2):51.

[2]Adner R. Match Your Innovation Strategy to Your Innovation Ecosystem[J]. Harvard Business Review,2006, 84(4):98.

[3]Ahmed Shaban,Francesco Costantino,Giulio Di Gravio,et al. A New Efficient Collaboration Model for Multi-echelon Supply Chains[J]. Expert Systems with Applications, 2019(128):54-66.

[4]Alsaad A,Mohamad R, Ismail N A. The Moderating Role of Trust in Business to Business Electronic Commerce(B2B EC)Adoption[J]. Computers in Human Behavior, 2017(68):157-169.

[5]Arnold J R T, Chapman S N, Clive L M. Introduction to Materials Management[J]. Archives of Physical Medicine & Rehabilitation, 2011,56(11):498.

[6]Benitez J, Chen Y, Teo T S H, et al. Evolution of the Impact of E-business Technology on Operational Competence and Firm Profitability: A Panel Data Investigation[J]. Information & Management, 2018, 55(1): 120-130.

[7]Cachon G P,Lariviere M A. Supply Chain Coordination with Revenue-sharing Contracts: Strengths and Limitations[J]. Management Science, 2005,51(1): 30-44.

[8] Chaharsooghi S K, Heydari J. Supply Chain Coordination for the Joint Determination of Order Quantity and Reorder Point Using Credit Option[J]. European Journal of Operational Research, 2010,204(1):86–95.
[9] Chatterjee D, Grewal R, Sambamurthy V. Shaping up for Ecommerce: Institutional Enablers of the Organizational Assimilation of Web Technologies[J]. MIS Quarterly, 2002,26(2):65–89.
[10] Colla E, Lapoule P. E–commerce: Exploring the Critical Success Factors[J]. International Journal of Retail & Distribution Management, 2012, 40(11):842–864.
[11] Davydov M. Corporate Portals and E–business Integration[M]. New York: McGraw–Hill, Inc., 2001.
[12] Díaz J, Rusu C, Collazos C A. Experimental Validation of A Set of Cultural–oriented Usability Heuristics: Ecommerce Websites Evaluation[J]. Computer Standards & Interfaces, 2016(50):160–178.
[13] Ducret Raphaölle. Parcel Deliveries and Urban Logistics: Changes and Challenges in the Courier Express and Parcel Sector in Europe–The French Case[J]. Research in Transportation Business & Management, 2014(11):15–22.
[14] Durand B, Gonzalez–Feliu J. Urban Logistics and E–grocery: Have Proximity Delivery Services a Positive Impact on Shopping Trips [J]. Procedia–Social and Behavioral Sciences, 2012(39):510–520.
[15] Empirica. The Development of E–commerce in the European Union[J]. A General Assessment European Commission, 2002,42(9):787–799.
[16] Fosso Wamba S. Achieving Supply Chain Integration Using RFID Technology: The Case of Emerging Intelligent B–to–B E–commerce Processes in a Living Laboratory[J]. Business Process Management Journal, 2012,18(1):58–81.
[17] Giannoccaro I, Pontrandolfo P. Supply Chain Coordination by Revenue

Sharing Contracts[J]. International Journal of Production Economics, 2004,89(2): 131-139.

[18] Giuffrida, Maria, et al. Logistics Solutions to Support Cross Border E-Commerce Towards China: The Case of the Apparel Industry[M]. Workshop on Business Models and ICT Technologies for the Fashion Supply Chain, 2016:163-177.

[19] Gonzalez-Feliu J, Ambrosini C, Routhier J L. New Trends on Urban Goods Movement: Modeling and simulation of E-commerce Distribution[J]. European Transport, 2012,50(1):6-23.

[20] Grieger M. Electronic Marketplaces: A Literature Review and A Call for Supply Chain Management Research[J]. European Journal of Operational Research, 2003, 144(2):280-294.

[21] Grinnell J. The Niche-relationships of the California Thrasher[J]. Auk, 1917,34(4):427-433.

[22] Guyader H, Piscicelli L. Business Model Diversification in the Sharing Economy: The Case of GoMore[J]. Journal of Cleaner Production, 2019(4):1059-1069.

[23] Hartman A, Sifonis J, Kador J. Succeed Strategy under Electric Commerce[J]. China Mechanical Industry Publisher, 2000(1):35-45.

[24] Holweg M, Disney S, Holmstrëm J. Supply Chain Collaboration: Making Sense of the Strategy Continuum[J]. European Management Journal, 2005,23(2):170-181.

[25] Hovelaque V, Soler L G, Hafsa S. Supply Chain Organization and E-commerce: A Model to Analyze Store-picking, Warehouse-picking and Drop-shipping[J]. A Quarterly Journal of Operations Research, 2007, 5(2):143-155.

[26] Hyuksoo Cho, Jung Lee. Searching for Logistics and Regulatory Determinants Affecting Overseas Direct Purchase: An Empirical Cross-National

Study[J]. The Asian Journal of Shipping and Logistics Volume, 2017, 33(3):11-18.

[27]Iansiti M, Levien R. Strategy as Ecology[J]. Harvard Business Review, 2004,82(3):68-81.

[28]Janjevic M, Kaminsky P, Ndiaye A B. Downscaling the Consolidation of Goods: State of the Art and Transferability of Micro-consolidation Initiatives[J]. European Transport,2013(54):1-23.

[29]Jaruphongsa W, Cetinkaya S, Lee C Y. Warehouse Space Capacity and Delivery Time Window Considerations in Dynamic Lot-sizing for A Simple Supply Chain[J]. International Journal of Production Economics, 2004,92(2):169-180.

[30]Joong-Kun Cho J, Ozment J, Sink H. Logistics Capability, Logistics Outsourcing and Firm Performance in An E-commerce Market[J]. International Journal of Physical Distribution & Logistics Management, 2008,38(5):336-359.

[31]Kanda A, Deshmukh S G. Supply Chain Coordination: Perspectives, Empirical Studies and Research Directions[J]. International Journal of Production Economics,2008,115(2): 316-335.

[32]Karakitsiou A, Migdalas A. A Decentralized Coordination Mechanism for Integrated Production - transportation - inventory Problem in the Supply Chain Using Lagrangian Relaxation [J]. Operational Research, 2008, 8(3): 257-278.

[33]Kawa A. Supply Chains of Cross-Border e-Commerce in Advanced Topics in Intelligent Information and Database Systems[J]. Studies in Computational Intelligence, 2017,710(3):173-183.

[34]Kearney A T. E-commerce is the Next Frontier in Global Expansion[J]. Korea: AT Kearney,2012(1):25-44.

[35]Kämäräinen V, Punakivi M. Developing Cost-effective Operations for

the E－Grocery Supply Chain[J]. International Journal of Logistics, 2002,5(3):285－298.

[36]Lewin A Y, Volberda H W. Prolegomena on Coevolution: A Framework for Research on Strategy and New Organizational forms[J]. Organization Science,1999,10(5):519－534.

[37]Liu H M, Fang C L, Ren Y F. Logistics Industry and Cross－border Electric Business of Sino－Kazakhstan Cooperation Demonstration Zone in Silk Road Economic Belt[J]. Arid Land Geography, 2016,39(5): 951－958.

[38]Liu X, Chen D, Cai J. The Operation of the Cross－Border E－commerce Logistics in China[J]. International Journal of Intelligent Information Systems, 2015,4(2):15－18.

[39]Long Q. A Flow－based Three－dimensional Collaborative Decision－making Model for Supply－chain Networks [J]. Knowledge－Based Systems, 2016(97):101－110.

[40]Manthou V,Vlachopoulou M,Folinas D. Virtual E－Chain (VeC) Model for Supply Chain Collaboration[J]. International Journal of Production Economics,2004,87(3):241－250.

[41]Michel L, Van Hentenryck P. A Simple Tabu Search for Warehouse Location[J]. European Journal of Operational Research, 2004,157(3): 576－591.

[42]Moore J F. Predators and Prey: A New Ecology of Competition[J]. Harvard Business Review, 1993,71(3):75－83.

[43]Moore J F. The Death of Competition: Leadership and Strategy in the Age of Business Ecosystem[J]. Harvard Business Review, 1996(5): 40－51.

[44]Morganti E, Seidel S, Blanquart C, et al. The Impact of E－commerce on Final Deliveries: Alternative Parcel Delivery Services in France and

Germany[J]. Transportation Research, 2014,4(1):178–190.

[45]Okholm H B, Thelle M H, Mëller A, et al. E–commerce and Delivery[J]. Copenhagen Economics, 2013(17):1–35.

[46]Olender A. Warehouse Design for E–commerce[J]. MHD Supply Chain Solutions, 2012,42 (6):42–44.

[47]Pei–Ju Wu. Unstructured Big Data Analytics for Retrieving E–commerce Logistics Knowledge [J]. TelemAtics and Informatics, 2018, 35 (4): 237–244.

[48] Rajapov A, Ming J . Supply Chain Coordination with Buy–back and Wholesale–price Contracts under Random Demand [J]. International Journal of Engineering Research and Applications,2016,6(2):29–33.

[49]Ramanathan R. The Moderating Roles of Risk and Efficiency on the Relationship between Logistics Performance and Customer Loyalty in E–commerce[J]. General Information,2010,46(6):950–962.

[50]Rami Mohammad Al–dweeri,Zaid Mohammad Obeidat,Mohammad Ahmad Al–dwiry, et al. The Impact of E–Service Quality and E–Loyalty on Online Shopping: Moderating Effect of E–Satisfaction and E–Trust[J]. International Journal of Marketing Studies,2017,9(2):92–99.

[51]Rayport J E, Sviokla J J. Exploiting the Rirtual Value Chain[J]. McKinsey Quarterly, 1996,73(6):75–85.

[52]Sabri E H,Beamon B M. A Multi–objective Approach to Simultaneous Strategic and Operational Planning in Supply Chain Design[J]. Omega, 2000,28(5): 581–598.

[53]Saenz J N. Picking the Best Practices for E–fulfillment[J]. IIE Solutions, 2001,33(5):37–37.

[54]Saha S, Goyal S K. Supply Chain Coordination Contracts with Inventory Level and Retail Price Dependent Demand[J]. International Journal of Production Economics, 2015(161):140–152.

[55] Sajed M. Abukhader, Eco-efficiency in the Era of Electronic Commerce Should "Eco - Effectiveness" Approach Be Adopted [J]. Journal of Cleaner Production, 2008, 10(7): 801-808.

[56] Sakai K. Global Industrial Restructuring: Implications for Small Firms[J]. General Information, 2002, 21(1): 164-172.

[57] Scholten K, Schilder S. The Role of Collaboration in Supply Chain Resilience[J]. Supply Chain Management: An International Journal, 2015, 20(4): 471-484.

[58] Senyo P K, Liu K, Effah J. Digital Business Ecosystem: Literature Review and a Framework for Future Research[J]. International Journal of Information Management, 2019(47): 52-64.

[59] Simchilevi D, Chen X, Bramel J. The Logic of Logistics: Theory, Algorithms, and Applications for Logistics and Supply Chain Management[J]. Journal of the Operational Research Society, 2006, 57(3): 334.

[60] Sink, Langley. A managerial Framework for the Acquisition of Third-party Logistics Service[J]. Journal of Business Logistics, 1997, 18(2): 120-123.

[61] Stank T P, Keller S B, Daugherty P J. Supply Chain Collaboration and Logistical Service Performance[J]. Journal of Business logistics, 2001, 22(1): 29-48.

[62] Tansley A G. The Use and Abuse of Vegetational Concepts and Terms[J]. Ecology, 1935, 16(3): 284-307.

[63] Thomas D J, Griffin P M. Coordinated Supply Chain Management[J]. European Journal of Operational Research, 1996(94): 1-15.

[64] Wakabayashi K, Suzuki K, Watanabe A, et al. Analysis and Suggestion of an E-commerce Logistics Solution: Effects of Introduction of Cloud Computing Based Warehouse Management System in Japan[M]. Switzerland: Springer International Publishing, 2014: 567-573.

[65] Wang C, Fan X, Yin Z. Financing Online Retailers: Bank vs. Electronic Business Platform, Equilibrium, and Coordinating Strategy [J]. European Journal of Operational Research, 2019(7):343-356.

[66] Weill P, Vitale M. From Place to Space: Migrating to Atomic Ecommerce Models[J]. Harvard Business School Press,2001(1):50-60.

[67] Weltevreden J W J, Rotem-Mindali O. Mobility Effects of B2C and C2C E-commerce in the Netherlands: A Quantitative Assessment[J]. Journal of Transport Geography, 2009,17(2):83-92.

[68] Wen P, Chen S, Chen Y. MNCs' Offshore R&D Mandates and Host Countries' Locational Advantages A Comparsion Between Taiwan and China[J]. China Information,2009,12(1):159-187.

[69] Wu J N, Zhong W J, Mei S E. Application Capability of E-business, E-business Success, and Organizational Performance: Empirical Evidence from China [J]. Technological Forecasting and Social Change, 2011, 78(8): 1412-1425.

[70] Zahra S A, Nielsen A P. Sources of Capabilities, Integration and Technology Commercialization[J]. Strategic Management Journal, 2002,23(5):377-398.

[71] Żuchowski W. The Impact of E-commerce on Warehouse Operations[J]. Log Forum, 2016,12(1):95-101.

二、中文文献

[72] 包金龙，孙学文. 中美 C2C 电子商务模式比较 [J]. 商业经济研究，2008 (34)：88-89.

[73] 蔡志文，林建宗. 平台型电子商务在线交易评价主体的信誉评估 [J]. 西南师范大学学报（自然科学版），2015 (8)：79-85.

[74] 曹武军，闫梦娜，薛朝改. 物流企业主导型跨境电子商务生态系

统的构建——多案例研究［J］. 科技管理研究，2019，39（16）：212-222.
［75］曹旭光，王金光，刘希全. 跨境电子商务的物流商业模式及其创新途径［J］. 对外经贸实务，2015（10）：93-96.
［76］常连玉，陈海燕. B2C电子商务物流配送模式的思考［J］. 物流技术，2010，29（8）：129-130.
［77］陈嘉良. 迎接中国电子商务物流新时代［J］. 中国物流与采购，2014（12）：62-63.
［78］陈镜羽，黄辉. 我国生鲜农产品电子商务冷链物流现状与发展研究［J］. 科技管理研究，2015（6）：179-183.
［79］陈军科. 跨境电子商务综合服务平台绩效评价［J］. 实验室研究与探索，2017，36（9）：258-262，267.
［80］陈修齐. 体验时代的末端快递O2O模式研究［J］. 哈尔滨商业大学学报（社会科学版），2014（2）：41-49.
［81］陈言国. 福建省跨境电子商务物流发展的影响因素研究——基于灰色关联的实证分析［J］. 对外经贸，2018（8）：72-77.
［82］陈雨欣. 基于物流联盟的平台型电子商务企业仓配一体化研究［D］. 南昌：江西财经大学，2017.
［83］陈志圣，黄立平. 基于网格的供应链管理信息平台的构建［J］. 计算机工程与设计，2007，10（10）：4674-4676.
［84］代宏砚，檀雅静，周伟华. 库存不准确环境下考虑实时信息的供应链协同机制设计研究［J］. 管理工程学报，2018，32（2）：228-239.
［85］单泪源，李果，陈丹. 基于生态位理论的企业竞争战略研究［J］. 科学学与科学技术管理，2006（3）：159-163.
［86］邸江雪. "一带一路"背景下我国跨境电子商务物流发展现状与对策分析［J］. 当代经济，2018（21）：98-99.
［87］董德民. 基于网格技术的电子商务平台建设构想［J］. 计算机应

用与软件. 2004 (12): 44-45, 112.

[88] 董云. 物流产业链视角下跨境电子商务海外仓发展对策 [J]. 中国商论, 2017 (31): 51-52.

[89] 范月娇, 彭丽芳. 基于“断裂点”公式的电子商务物流配送服务半径界定方法 [J]. 北京交通大学学报 (社会科学版), 2011, 10 (1): 29-35.

[90] 付媛. 平台型电子商务服务链网结构特征及协调机制研究 [J]. 西北大学学报 (哲学社会科学版), 2013 (2):.

[91] 葛继红, 王文昊, 汤颖梅. 我国生鲜电子商务发展模式及其适用条件分析 [J]. 贵州社会科学, 2018 (1): 133-138.

[92] 葛振忠, 梁嘉骅. 企业生态位与现代企业竞争 [J]. 华东经济管理, 2004 (2): 113-116.

[93] 桂云苗, 龚本刚, 程永宏. 双边努力情形下电子商务平台质量保证策略研究 [J]. 中国管理科学, 2018, 26 (1): 163-169.

[94] 郭坤, 张树山, 孙毅. 吉林省农产品电子商务生态系统构建策略研究 [J]. 地理科学, 2018, 38 (6): 903-912.

[95] 郭瑞红, 曾琪. 从电子商务生鲜大战看我国冷链物流的发展 [J]. 物流工程与管理, 2014 (36): 7-8.

[96] 郭旭文. 电子商务生态系统的构成、特征及其演化路径 [J]. 商业时代, 2014 (10): 71-72.

[97] 郭玉华. 我国铁路电子商务物流供应链协同发展的研究 [J]. 铁道运输与经济, 2014, 36 (10): 1-10.

[98] 韩玲冰, 胡一波, 王帅红. 产业融合背景下的跨境电子商务与物流产业链融合发展分析 [J]. 物流技术, 2018, 37 (7): 20-22, 100.

[99] 韩廷进, 钱志新. B2B 电子商务平台商业模式的深度开发 [J]. 江苏商论, 2009 (4): 55-57.

[100] 何浏. B2B2C 环境下快递服务品牌的消费者满意研究——感知服

务质量的中介效应 [J]. 中国软科学, 2013, 28 (12): 114-127.
[101] 侯玉梅, 田歆, 马利军, 等. 基于供应商促销与销售努力的供应链协同决策 [J]. 系统工程理论与实践, 2013 (12): 3087-3094.
[102] 胡岗岚, 卢向华, 黄丽华. 电子商务生态系统及其演化路径 [J]. 经济管理, 2009 (6): 110-119.
[103] 胡振华, 张宁辉. 基于生态位构建的企业动态核心竞争力分析 [J]. 当代财经, 2010 (2): 68-73.
[104] 黄江明, 丁玲, 崔争艳. 企业生态位构筑商业生态竞争优势: 宇通和北汽案例比较 [J]. 管理评论, 2016, 28 (5): 220-231.
[105] 黄焜, 马士华, 冷凯君, 等. 订单不确定条件下的供应链协同决策研究 [J]. 中国管理科学, 2011 (1): 62-68.
[106] 黄民礼. 双边市场与市场形态的演进 [J]. 首都经济贸易大学学报, 2007 (3): 43-49.
[107] 黄兴建, 王伟. 基于期望与实绩比较模型的物流服务质量评价 [J]. 铁道运输与经济, 2015, 37 (8): 29-32.
[108] 姜天, 刘军. 电子商务仓储物流模式分析与选择研究 [J]. 物流技术, 2013, 32 (8): 1-4.
[109] 蒋奇, 倪蔚颖. 跨境电子商务物流困境与发展对策研究——以杭州为例 [J]. 中外企业家, 2016 (25): 88-90.
[110] 蒋忠中, 汪定伟. B2C 电子商务中配送中心选址优化的模型与算法 [J]. 控制与决策, 2005, 20 (10): 1125-1128.
[111] 焦玥, 傅翠晓, 黄丽华. 企业向平台型 B2B 电子商务模式的转型——基于上海爱姆意公司的案例研究 [J]. 科学学与科学技术管理, 2011 (9): 123-130.
[112] 解学梅, 罗丹, 高彦茹. 基于绿色创新的供应链企业协同机理实证研究 [J]. 管理工程学报, 2019 (3): 116-124.
[113] 金杨华, 潘建林. 基于嵌入式开放创新的平台领导与用户创业协同模式——淘宝网案例研究 [J]. 中国工业经济, 2014, 311

(2)：148-160.

[114] 孔辉. 我国跨境电子商务物流之海外仓模式的经营现状及对策研究 [J]. 现代商业，2017 (15)：21-22.

[115] 李红卫. 中国与“一带一路”沿线国家跨境电子商务物流合作面临的难点与解决策略 [J]. 对外经贸实务，2018 (4)：88-91.

[116] 李建斌，杨光耀，陈峰. 零售业电子商务仓储中心货位指派问题研究 [J]. 工业工程与管理，2013，18 (4)：102-108.

[117] 李林，许宗礼. 我国平台型电子商务生态系统治理机制探索 [J]. 时代金融，2015 (24)：183.

[118] 李民. 基于电子商务背景下的物流配送：现状、模式与对策——以网上书店为例 [J]. 生产力研究，2011 (7)：119-120，127.

[119] 李瑞芬. 跨境电子商务物流配送现状及发展趋势分析 [J]. 价值工程，2015 (14)：41-42.

[120] 李勇. 跨境电子商务对广州发展现代物流的影响及对策分析 [J]. 经营管理者，2015 (1)：301.

[121] 李勇，郑垂勇，杨国才. 企业集群竞争协同演进模型研究 [J]. 科技管理研究，2007 (6)：208-211.

[122] 李振基. 生态学 [M]. 北京：科学出版社，2015：32-33.

[123] 梁胜利. 试论中小企业跨境电子商务物流渠道的选择 [J]. 商业经济研究，2016 (9)：76-78.

[124] 刘非. 仓配一体给客户带来的价值 [J]. 中国储运，2014 (10)：66-67.

[125] 刘刚. 生鲜农产品电子商务的物流服务创新研究 [J]. 商业经济与管理，2017 (3)：12-19.

[126] 刘炯艳. 基于多 Agent 的协同物流系统协作研究 [J]. 统计与决策，2007 (19)：44-46.

[127] 刘侃，赵冬梅. 跨境电子商务物流企业竞争力实证研究 [J].

商业经济研究，2018（1）：93-96.

［128］刘龙政，焦岳红．电子商务下的物流配送流程分析［J］．物流技术，2009，28（12）：36-39.

［129］刘希全．我国中小企业建设跨境电子商务海外仓的几种模式与思考［J］．对外经贸，2018（3）：83-86.

［130］刘向，李延晖．电子商务配送的跨区域VRP模型及其启发式算法［J］．清华大学学报（自然科学版），2006（S1）：1014-1018.

［131］刘有升，陈笃彬．基于复合系统协同度模型的跨境电子商务与现代物流协同评价分析［J］．中国流通经济，2016，30（5）：106-114.

［132］马强．电子商务环境下物流配送路线优化研究——基于VRP模型［J］．生产力研究，2009（13）：147-149.

［133］马士华，李果．供应商产出随机下基于风险共享的供应链协同模型［J］．计算机集成制造系统，2010（3）：563-572.

［134］毛爱英，高鹏翔．电子商务下供应链物流协同的研究［J］．物流技术，2007（2）：141-144.

［135］毛薇．网络购书末端配送服务流程的研究［J］．图书馆学研究，2015（14）：54-56.

［136］梅虎，林玲霞，马子程．电子商务物流服务质量评价关键指标构建及分析［J］．物流技术，2015，34（11）：85-88.

［137］孟玲，张宝明．跨境电子商务环境下物流业的发展［J］．物流工程与管理，2014（11）：110-113.

［138］闵新平，史玉良，李晖，等．基于动态供应链网络的协同行为模式挖掘方法［J］．计算机集成制造系统，2016（2）：324-329.

［139］宁方华，陈子辰，熊励，等．协同物流网络的任务协调决策模型及其求解算法［J］．控制与决策，2007（1）：109-112.

［140］欧阳明慧．中国跨境电子商务物流现状及对策的研究［J］．物流工程与管理，2016，38（06）：104-106.

[141] 潘松挺，杨大鹏. 企业生态圈战略选择与生态优势构建［J］. 科技进步与对策，2017，34（21）：80-87.

[142] 裴玉玲，徐世六. 基于动态协同的管理信息平台［J］. 微电子学，2009（3）：394-397.

[143] 乔花云，司林波，彭建交，等. 京津冀生态环境协同治理模式研究——基于共生理论的视角［J］. 生态经济，2017，33（6）：151-156.

[144] 任玲. 产业转型视角下物流产业链与跨境电子商务的融合发展［J］. 商业经济研究，2016（20）：87-89.

[145] 时茜茜，朱建波，盛昭瀚. 重大工程供应链协同合作利益分配研究［J］. 中国管理科学，2017，25（5）：42-51.

[146] 宋志蕙，胡淑新. 跨境电子商务供应链协同物流效率探讨［J］. 中外企业家，2019（30）：65-66.

[147] 孙婕. 密集仓储技术在电子商务物流中的应用研究［J］. 物流技术，2013，32（13）：404-407.

[148] 谈冉，严新平，薛胜军. 基于 CSCW 的协同物流商务系统［J］. 计算机工程，2007（9）：260-262.

[149] 唐建民. 物流联盟协同实现机制实证研究［J］. 学术论坛，2009，32（10）：129-133.

[150] 唐建荣，汪肖肖，潘洁. 物流产业集群"生态位适宜度"实证研究［J］. 华东经济管理，2015，29（11）：102-107.

[151] 唐小波，黄媛媛. SCM 协同管理战略及模型评价［J］. 情报杂志，2005（1）：88-90.

[152] 田秀华，聂清凯，夏健明，等. 商业生态系统视角下企业互动关系模型构建研究［J］. 南方经济，2006（4）：50-57.

[153] 万伦来. 企业生态位及其评价方法研究［J］. 中国软科学，2004（1）：73-78.

[154] 汪传雷，朱绍平，陈娇，等. 基于 DICE 模式的电子商务物流生

态圈系统构建——以安徽青年电子商务产业园为例［J］. 资源开发与市场，2016，32（2）：135-141.

［155］汪旭晖，张其林. 电子商务破解生鲜农产品流通困局的内在机理——基于天猫生鲜与沱沱工社的双案例比较研究［J］. 中国软科学，2016，302（2）：39-55.

［156］汪旭晖，张其林. 平台型电子商务声誉的构建：平台企业和平台卖家价值共创视角［J］. 中国工业经济，2017（11）：174-192.

［157］汪旭晖，张其林. 平台型网络市场中的"柠檬问题"形成机理与治理机制——基于阿里巴巴的案例研究［J］. 中国软科学，2017（10）：31-52.

［158］王蓓，李平，聂剑平. 基于演化博弈理论情境的跨境电子商务物流结构策略探析——以唯品会为例［J］. 商业经济研究，2018（15）：107-110.

［159］王宏伟，高玲玲. B2C 电子商务物流配送中心运营效率评价［J］. 商业经济研究，2011（8）：38-39.

［160］王劲恺，周华彬，杨东援. 电子商务物流配送服务水平与客户关系研究［J］. 计算机工程，2009，35（13）：261-263.

［161］王珏辉，冒海燕. 基于层次分析法的电子商务模式选择研究［J］. 情报科学，2007（4）：526-529.

［162］王可山，张丽彤，刘彦奇. 生鲜电子商务配送成本影响因素及控制优化研究［J］. 经济问题，2019，473（1）：114-121.

［163］王明明，赵国伟. B2C 移动电子商务服务质量评价体系研究［J］. 科技管理研究，2015，325（3）：142-145.

［164］王绍博，罗小龙，唐蜜，等. 基于共生理论的临京临沪地区跨界融合发展对比研究［J］. 地理科学，2019，39（11）：1681-1690.

［165］王伟. 跨境电子商务物流发展的现状、问题与对策［J］. 产业与科技论坛，2017，16（19）：11-13.

［166］王晓博，李一军. 电子商务中物流配送路径优化研究［J］. 计

算机工程，2007，33（10）：202-204.
[167] 王宇峰，杨小曼，唐慧佳. 基于B2B的协同电子商务平台分析与设计［J］. 计算机工程与应用，2004，40（36）：220-222.
[168] 王志国. 电子商务物流供应链协同机制及路径研究［J］. 中国国情国力，2012（10）：49-50.
[169] 韦福祥，姚亚男. 服务营销范式的演进与创新初探［J］. 现代财经—天津财经大学学报，2009，29（7）：32-36.
[170] 卫振林，孙剑青. 面向中小电子商务企业城市共同配送模式探讨［J］. 北京交通大学学报（社会科学版），2015（1）：104-110.
[171] 魏晨，马士华. 基于瓶颈供应商提前期的供应链协同契约研究［J］. 中国管理科学，2008，（5）5：50-56.
[172] 魏炜，申金升. 基于贝叶斯更新的供应链协同预测模型研究［J］. 预测，2010（5）：68-73.
[173] 吴敏. "互联网+"视域下跨境电子商务生态圈构建思路探析［J］. 商业经济研究，2015（34）：75-76.
[174] 吴群，程浩. 平台型电子商务企业物流生态系统协同演化研究［J］. 江西社会科学，2019，39（12）：199-207.
[175] 吴绒，白世贞，吴雪艳. 农产品绿色供应链协同演化机理研究［J］. 科技管理研究，2016，36（3）：235-239.
[176] 吴亚超，周凌云，范钦满，等. 区域物流生态系统耗散结构演化机理及过程调控分析［J］. 生态经济，2017，33（10）：85-88，99.
[177] 吴志坚，邱俊杰. 农业合作社运营生鲜电子商务平台的挑战、意义与机制［J］. 科技管理研究，2015，35（19）：197-201，206.
[178] 伍楠林，宫伟. 电子商务环境下中国物流配送的发展问题研究［J］. 黑龙江社会科学，2008（6）：92-94.
[179] 武淑萍，于宝琴. 电子商务与快递物流协同发展路径研究［J］.

管理评论，2016，28（7）：93-101.
［180］夏露．电子商务环境中协同化物流战略研究［J］．科学学与科学技术管理，2001（12）：27-30.
［181］夏蔚军，吴智铭．供应链协同契约研究［J］．计算机集成制造系统，2005（11）：1576-1579.
［182］向晋乾，黄培清，郭玉明．企业集团内部供应链知识的协同机制研究［J］．情报科学，2005（12）：1881-1887.
［183］向敏，袁嘉彬，于洁．电子商务环境下鲜活农产品物流配送路径优化研究［J］．科技管理研究，2015，35（18）：166-171.
［184］肖红军．共享价值、商业生态圈与企业竞争范式转变［J］．改革，2015（7）：129-141.
［185］肖建辉．跨境电子商务物流渠道选择与发展［J］．中国流通经济，2018，32（9）：30-40.
［186］谢磊，马士华，桂华明，等．供应物流协同影响机制实证分析［J］．科研管理，2014（3）：147-154.
［187］谢莉娟．互联网时代的流通组织重构——供应链逆向整合视角［J］．中国工业经济，2015（4）：44-56.
［188］熊浩，鄢慧丽．二级供应链系统的三阶段协同订货模型［J］．中国管理科学，2014（5）：69-74.
［189］徐齐利．互联网平台电子商务企业的垄断势力与结构——对百度搜索平台客户集中度的测算［J］．当代财经，2017（03）：91-105.
［190］徐琪，徐福缘．供需网的一个节点：供应链协同管理与决策［J］．系统工程理论与实践，2003（8）：31-35.
［191］许芳，李建华，吕红．企业生态战略：和谐社会理念下的战略新思维［J］．生态经济，2005（11）：66-70.
［192］鄢飞，董千里．物流服务供应链节点协同关系及生长演化机理分析［J］．北京交通大学学报（社会科学版），2012，11（4）：

58–64.
[193] 闫安，达庆利. 企业生态位及其能动性选择研究 [J]. 东南大学学报（哲学社会科学版），2005（1）：62–66.
[194] 杨凡，周朝晖，杨小华. 协同订单管理平台上 CRM 与 ERP 的集成与实现 [J]. 计算机应用，2007（6）：428–430.
[195] 杨聚平，杨长春，姚宣霞. 电子商务物流中的间接配送模式研究 [J]. 商业研究，2014（5）：162–171.
[196] 杨俊琴，杨东援. 电子商务物流配送仿真系统的面向对象开发 [J]. 同济大学学报（自然科学版），2006，34（8）：1045–1049.
[197] 杨遴杰. 零售型电子商务企业配送中心选址模拟研究 [J]. 经济地理，2003，23（1）：97–101.
[198] 杨朋珏，胡昊，王俊嘉，等. 电子商务环境下城市配送末端网点选址模型研究 [J]. 工业工程与管理，2014，19（1）：35–40.
[199] 翟金芝，赵希男. "互联网+"时代基于 Markov 链的企业战略联盟生态圈合作伙伴选择分析 [J]. 技术经济，2016，35（9）：66–71.
[200] 张翠华，范岩，于海斌，等. 分散决策供应链生产计划协同研究 [J]. 计算机集成制造系统，2008（8）：1622–1629.
[201] 张翠华，任金玉，于海斌. 非对称信息下基于惩罚和奖励的供应链协同机制 [J]. 中国管理科学，2006，14（3）：32–37.
[202] 张大成，张一祯. 构建出口型跨境电子商务物流模式研究 [J]. 上海商学院学报，2017，18（3）：66–71，100.
[203] 张庚淼，李鹏飞. 电子商务环境下 B2C 实物配送方案研究 [J]. 中国软科学，2002（4）：115–118.
[204] 张光宇，罗端红. 基于电子商务的区域仓储网络设计与实现 [J]. 系统工程，2006，24（5）：8–11.

[205] 张海锋，张卓．企业可持续发展中的创新力与控制力协调——基于共生理论的视角 [J]．科技管理研究，2018，38（19）：117-122.

[206] 张赫楠，许正良．跨境电子商务生态系统构架及演进研究 [J]．社会科学，2020（2）：28-39.

[207] 张省．基于序参量的知识链知识协同机制研究 [J]．情报理论与实践，2014（3）：21-24.

[208] 张薇．平台战略视角下我国跨境电子商务生态圈布局规划 [J]．商业经济研究，2016（18）：87-88.

[209] 张夏恒，郭海玲．跨境电子商务与跨境物流协同：机理与路径 [J]．中国流通经济，2016，30（11）：83-92.

[210] 张夏恒．生鲜电子商务物流现状、问题与发展趋势 [J]．贵州农业科学，2014（42）：275-278.

[211] 张夏恒，张荣刚．跨境电子商务与跨境物流复合系统协同模型构建与应用研究 [J]．管理世界，2018，34（12）：190-191.

[212] 张镒，刘人怀，陈海权．商业生态圈中平台企业生态优势形成路径——基于京东的纵向案例研究 [J]．经济与管理研究，2018，39（9）：114-124.

[213] 张宇，李琪．B2C 电子商务企业物流配送模式选择研究 [J]．人文杂志，2012（3）：187-192.

[214] 张振华，许柏鸣．基于网络口碑数据挖掘的电子商务物流服务质量问题 [J]．中国流通经济，2019，33（1）：45-57.

[215] 赵广华．破解跨境电子商务物流难的新思路：第四方物流 [J]．中国经贸导刊，2014（26）：16-20.

[216] 赵佳妮，吕靖．基于 B2C 的跨境电子商务出口物流模式及问题分析 [J]．物流工程与管理，2016，38（5）：119-121.

[217] 赵静，唐友莲．现代物流业与跨境电子商务的互动发展研究 [J]．中国商论，2015（11）：84-86.

[218] 赵旭，汪永，胡斌．电子商务平台自建物流与第三方物流企业间的协同配送机制研究 [J]．系统工程，2019，37 (2)：81-89.

[219] 郑凯，王亚超．移动互联网下的基于便利店的电子商务物流配送模式研究 [J]．东南大学学报（哲学社会科学版），2014 (S1)：55-57.

[220] 钟燕．基于云物流的跨境电子商务物流模式探讨 [J]．商业经济研究，2016 (12)：76-77.

[221] 钟耀广．优化电子商务环境下的城市共同配送 [J]．开放导报，2015 (5)：51-54.

[222] 周军．构建综合性物流生态圈 [J]．中国冶金报，2015 (6)：24-25.

[223] 周林，石夫乾，黄学平．基于第三方平台的电子商务方案的设计与实现 [J]．商场现代化，2006 (2)：130.

[224] 朱辉．长沙跨境电子商务物流困境及对策建议 [J]．物流工程与管理，2018，40 (07)：22-24.

[225] 朱晓宁，张群，颜瑞，等．供应链协同产品设计开发模型及策略 [J]．统计与决策，2014 (10)：40-43.

[226] 庄德林，李景，夏茵．基于 CZIPA 法的快递企业服务质量评价研究 [J]．北京工商大学学报（社会科学版），2015，30 (2)：48-55.

[227] 邹辉霞．建设我国电子商务物流配送体系的探讨 [J]．江汉论坛，2001 (12)：41-43.